中华传统美德丛书

主　编　宋林飞　　副主编　周顺生

荣辱卷

朱　珊　编著

南京大学出版社

编委会

顾　问：向守志　韩培信　沈达人　陈焕友
　　　　许仲林　兰保景　杨新力　陈宝田
　　　　张耀华　沙人麟　陆　军
编　委（按姓氏笔画为序）：
　　　　石尚群　刘　钰　杨　休　吴　镕
　　　　宋林飞　张传豪　张德华　张颢瀚
　　　　邵　军　陈根兴　罗有康　周顺生
　　　　黄玉生　董　健　缪国亮
主　编：宋林飞
副主编：周顺生

总 序

梁保华

胡锦涛总书记在党的十七大报告中指出,中华文化是中华民族生生不息、团结奋进的不竭动力,要弘扬中华文化,建设中华民族共有精神家园。《中华传统美德丛书》(十卷本)的编纂出版,正是江苏学界弘扬祖国优秀传统文化、推动建设共有精神家园的有益尝试。

伦理道德是传统文化的重要组成部分。中华民族传统伦理道德的内容十分丰富,其中那些体现民族智慧、反映人民利益、符合进步潮流的部分,在历史进程中不断积淀、升华,成为中华民族的传统美德。中华传统美德是中华文化最富生命力的精神内核,是中国人世世代代生存、发展的基本准则,也是中华民族自立于世界民族之林的宝贵思想支撑。

当今中国已进入改革发展的新时期新阶段,文化的"软实力"价值日益凸显。大力弘扬中华传统美德,建设社会主义核心价值体系,促进社会主义文化大发展、大繁荣,是建设全面小康社会的重要任务,是实现中华民族伟大复兴的必然要求。我们要不断发掘和认知中华传统美德的意义和价值,并不断赋予其新的时代内涵,以此给人们以思想启迪、精神鼓舞,推动科学发展,建设和谐社会。

2008年7月

目 录

总序 ... 1

上篇 概 论 ... 1

一、知耻文化的渊源和特征 ... 3
    1. 耻与罪——两种文化的逻辑起点 ... 3
    2. 传统知耻意识的内涵 ... 11
    3. 耻感意识的特征 ... 18
    4. 与耻有关的几个概念 ... 24
    5. 与耻有关的成语 ... 29

二、知耻文化的历史意义 ... 36
    1. 耻之于做人 ... 36
    2. 耻之于道德 ... 38
    3. 耻之于治国 ... 41
    4. 耻之于律法 ... 43
    5. 耻之于教育 ... 45

三、荣辱观念的演变及当代价值 ... 49
    1. 耻感意识的渐变 ... 49

2. 从知耻到明荣 54
　　3. 当代荣辱观及其内涵 58

中篇　故　事 65

一、春秋战国故事 67
　　不食周粟 67
　　成汤放桀 68
　　伊尹逐王 68
　　誓不做官 69
　　舍生取义 69
　　知耻自新 70
　　善用其耻 71
　　惠及他人 71
　　豫让行刺 72
　　以贤为荣 73
　　不孝不义 74
　　卧薪尝胆 75
　　赴汤蹈火 75
　　万箭穿心 76
　　机智救国 77
　　知恩图报 79
　　晏子拒坐 80
　　二桃杀三士 80
　　举贤无私 82

目 录

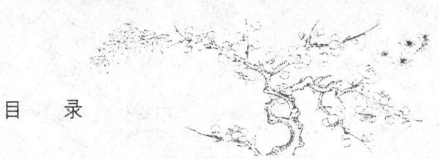

窃符救赵	83
毁菜拒鱼	85
曹商舔痔	86
舍子保国	87
死不忘国	89
烹头雪耻	90
负荆请罪	92
鲁母纺纱	93
忠心报国	94
不以贿免	95

二、秦汉故事 96

胯下之辱	96
用心良苦	97
苏武牧羊	98
乐妻指耻	99
拒绝赦免	100
桥下取履	100
忍辱含垢	101
辱没乡邻	103
以德报怨	104
杨震拒金	104
舍妻弃子	105
王烈遗布	106
瘦羊博士	107
管宁善化	107

三、魏晋南北朝故事 — 108

重德轻色 — 108
惭见伯姒 — 109
巨伯救友 — 110
立功雪耻 — 110
敢饮贪泉 — 111
斗富丧命 — 114
改过自新 — 115
含冤忍辱 — 116
高风亮节 — 117
闻鸡起舞 — 118
敌将还妻 — 119
吉翂拒举 — 120
不为子谋 — 120
甘居车棚 — 121
无钱返京 — 122
见利忘义 — 124

四、隋唐故事 — 125

替父报仇 — 125
问心无愧 — 126
一笑了之 — 126
卢氏训子 — 127
不事女主 — 128
忍辱脱死 — 128
及第落驴 — 130

目 录

不饮不泣 　130
恬不知耻 　131
钱徽焚书 　131
见风使舵 　132
不坠家风 　133
自取其辱 　134
坑蒙拐骗 　134
营私为羞 　135
人死留名 　136
庄宗狩猎 　137
羞死贪官 　138
断臂远耻 　139

五、宋元故事 　139
绸缎遗言 　139
道虔激耻 　140
耻于留名 　141
太祖斥白 　141
靖康之耻 　142
一亩地官 　143
坚守迂腐 　144
阿尖咬母 　144
平民公主 　146
崇节尚耻 　147
为国荐才 　148
遭贬何愧 　148

一脉相承	150
庐革避试	151
不做贼妇	151
拒辱骂贼	152
行不愧影	153
奸人作秀	154
以死效忠	154
不作降臣	155
毁炕夫人	156
削发明志	157
碧海丹心	157

六、明清故事　　　　　　　　　　159

法不护亲	159
湿鞋轿夫	160
官不聚财	160
力行节俭	161
恭以远耻	162
生不爱钱	162
坚守城池	164
两袖清风	165
少年英雄	165
布袍淡饭	168
诚实状元	170
开仓赈济	171

目　录

下篇　名　言 ……………………………………… 173

一、先秦名言 …………………………………… 175
二、秦汉名言 …………………………………… 182
三、魏晋南北朝名言 …………………………… 184
四、隋唐名言 …………………………………… 186
五、宋元名言 …………………………………… 187
六、明清名言 …………………………………… 193
七、近现代名言 ………………………………… 201

后　记 ……………………………………………… 207

- 上篇 -

概 论

上篇　概　论

优秀文化传统是中华民族的文化胎记,它使我们获得有别于其他民族的特殊品格,构成民族的文化记忆,是连接民族历史与未来的桥梁。作为中华传统文化重要内容之一的荣辱文化,无论过去、现在都深刻地影响着国人的价值观念、伦理思想、社会进步乃至世界和谐。耻,作为人类共有的情绪体验,小到个人操守、大到国家荣辱,一直与人类自身的命运和生活息息相关。知耻明荣的美德,作为中华传统道德的重要组成部分,值得我们继承和发扬。

一、知耻文化的渊源和特征

中华传统文化是伦理性的文化,非常重视正邪、善恶、好坏的区分。"勿以善小而不为,勿以恶小而为之"的古训,也从一个侧面显现出中国文化严辨善恶、尚荣远耻的伦理特征。实际上,古代文化中的荣辱观常常以"知耻"的文化形式呈现出来,尤其强调"知耻而后勇"的认知过程。中国传统文化中的荣辱观在很大程度上植根于中国人人性中的"耻感"意识,同时也蕴涵着丰富的耻感道德思考。因此本篇侧重从知耻文化的角度来讨论中国传统文化中重荣辱的美德。

1. 耻与罪——两种文化的逻辑起点

(1) 耻与罪的哲学分析

人是文化的产物,同时也是文化的创造者。在人的文化心理和价值意识中,伦理底线是一条基本的、绝对的道德律令,是人把自己与禽兽区分开来的一条最后分界线。尽管这条底线在人类文化发展的不同阶段和不同形式中时而复杂、时而神秘,但它的基本功能就是内化出这样一种文化意识:人有人生活的基本样态、标准和价值。因此,除非社会出现严重的病态和变态,每个人都不应该也不敢越过这一底线,伦理底线成为文化和文明中的一种严厉的禁忌。弗洛伊德认为,人类的宗教和道德起源于原始的禁忌,通过压抑原始野蛮的兽行和情欲,人类就进入了文明阶段。他把人心分为"本我"、"自我"和"超我"三个部分。三者交战,若胜者为"本我",人就可能会做出违背社会规范的行为。不过,由于个人从小到大一直处在社会化的过程之中,日积月累,社会规范和观念已在人格深层内化,在"超我"的关照下个人时常在内心形成紧张,这样一种紧张就是心理学家指出的一种情绪制裁。按照一些心理学家的划分,人的内在情绪大致可分为"耻感"与"罪感"两类。这两种情绪可以保证个人接受在社会化过程中既已形成的价值体系,并有效约束人的行为、维系社会的稳定和发展。

据说尤卡坦半岛上昆塔那罗地区(Quintana Roo)的土著玛雅人部落,他们的祖先并没有十分严酷的世俗法律,他们是用罪感(对于神)和耻感(来自社会)来控制人的行为。唯一的惩罚叫"阿卓台"(Azote),也就是抽打脚底。这种刑罚实施起来很讲人道,即便是最重的判罚也不过是抽打一百下,被判决的人可以在连续四天里每天挨二十五下抽打。在完成每次抽打之后他不是被投入监狱,而是准允释放,但他有义务在次日早晨自动投案接受剩余的惩罚。就这样既没有警察也没有任何一个村民去看管他将他押来解去地领受日复一日、连续四天的刑罚,他必须主动露面完成每天二十五次责打,假如他没有在规定的时间到指定的地点,那么,整个部落就会把他视为公敌,人所不齿。这样无形中他就成了社会的弃渣、审判的逃犯,不再受法律保护。若日后死于非命,那么随便哪一个对他动武的部落成员都不会受到惩罚,因为这个人的生命已经被社会没收。由此可见,若是落得被社会抛弃的羞耻境地就离"人人得而诛之"的下场不远了。

其实玛雅人判决的训诫意味远远多于单纯惩罚的意义,抽打脚底并不是极刑,数量最多一百下也显露温和,况且"分期付款式"的执行尽可能减少皮肉之痛,增加耻感的频度和强度。这样的刑罚目的是让人改过自新,知耻从而远耻。除此之外,自我管制的意义更是深远,用这样的象征形式来帮助犯罪者自行完善自己的内在道德约束力——之所以犯罪就是因为以前自我道德约束力有缺欠,这样连续四天的执行判决过程会使受罚者甘心情愿接受外在规范并加以内化。利用文化隐喻机制,玛雅人很好地处理了道德和社会问题。

与此同时,玛雅世界是一个夜不闭户的世界,小偷小摸在玛雅人中闻所未闻。作为一个民族,他们异乎寻常的诚实。没人去偷别人的庄稼,一些古老的禁忌控制着这类不良行径。其实可以偷盗的机会很多,比如说无人看管的玉米地往往距离最近的村落也就数英里,但玛雅人相信,若是从别人的玉米地里偷玉米,就会被地里的守卫精灵杀死,这观念成了远在丛林中那些"敞开的谷仓"(玉米田)的真正保险锁。也就是说,玛雅人的宗教从另一个方面维护了道德,他们害怕自己由于罪恶而受到无所不在的神灵的惩处。事实上,人的道德感来自现实社会关系,来自经济利益的平衡。显然侵占他人的粮食、财产要引起争斗,于是社会就必须建立针对这类侵犯行为(包括偷盗)的规则(道德)。玛雅人的宗教观念给了这种规则以超自然的认可,并以强烈的罪恶感作用于他们的心灵。

人是既感性又理性的动物。感性使人产生激情却容易使人滑向恶的边缘。因此,耻与罪作为抑制感性的理性,它们所针对的都是恶。耻是对社会准则的背离，是对伦理底线的挑衅。社会（他者）的处罚通过"囚禁"的方式来表达，即把人的心灵囚禁在自我的羞耻与他人的不耻之中，使其有耻感。罪是人对上帝的背弃，是人对契约的违背。上帝的处罚也以"囚禁"来表达，即把人的心灵囚禁在罪之中，使其有罪感。其实，罪否与耻否的衡量标准是一致的：就像我们说"耻"就是"发而不中"；而在希腊文中，"罪"的原初含义，亦是"偏离"之意。"就像人射箭未中"一样，《圣经》也说，"罪"就是未中目标、没达标准。由此可见，"耻"与"罪"，在文化的意谓上是等效的。

（2）罪感意识与西方文化

20世纪20年代曾有一些学者，包括弗洛伊德、希生特、艾克逊等，提出过西方罪感社会和东方耻感社会的概念。到了二次世界大战以后，被看作是文化人类学中文化模式论学派创始人的本尼迪克特（Ruth Benedict1887—1978），在她研究日本文化的名作《菊与刀》中，从文化研究中人格与心理的独特视角第一次明确阐释了西方社会罪感文化和日本社会耻感文化的特征。在她看来，所谓"罪感文化"，就是"提倡建立道德的绝对标准，并且依靠其发展人的良心的社会可以定义为'罪感文化'"。从这个定义上来理解，意思就是在"罪感文化"社会中，人如果违背了那个"绝对的道德标准"就会感到有罪。罪感包含自我谴责的成分，是因经历和体验到了违背基本价值的行为、事件，从人格深处蒙生的一种敬畏意识与忏悔意识。这种意识像紧箍咒一样时时警醒人们趋善避恶。一旦人们做了有违道德和教规的事，人的罪感意识就达到了难以名状的地步。在王尔德的小说《道连·葛雷的画像》里，当作恶多端、劣迹斑斑的道连看到自己画像的丑恶时，连自己都觉得可憎，为了获得安宁，他抓起了刀，向画像刺去，然而，他却杀死了他自己。从某种意义上来说，这幅画像便是他因为作恶,他的良心受到了无所不在的来自他内心的罪恶感的追捕。

罪感意识是与基督教原罪思想为出发点的西方文化相辅相成的。人类的始祖亚当和夏娃由于偷吃了禁果,犯了原罪,遭到处罚后重新做人,并蒙生羞耻感,开始有意识用物来遮挡自己的隐私部分。因此在基督教文化中人之初、也就是亚当与夏娃的子孙后代从一出生就带着罪的"基因"和烙印,这种观念使个人直接面对上帝、直接体验自己的良心感受,产生向上帝忏悔不为人知的隐秘罪错的宗教行为,然后内化为内心的道德约束。所以,忏悔和赎罪成为他们生活的重要部分。每个人成长的过程便是脱离罪恶、获取良知的过程,也就是由罪感到耻感再到真正意义上的人的发展历程,因此,罪的思想成为西方文化发展的逻辑起点。康德说,"有两种东西,我对它们的思考越是深沉和持久,它们在我心灵中唤起的惊奇和敬畏就会日新月异,不断增长,这就是我头上的星空和心中的道德定律"。正是西方文化中的罪感意识造就了西方人对道德发自内心的敬畏。

罪感由自我内心所产生,不需任何人在场,个人完全按照自己心目中的理想自我而生活,在这种情况下,即使恶行未被人发觉自己也会受到罪恶感折磨,只能通过忏悔来得到解脱。所以这样的社会自律色彩较浓,个人意识较强烈。西方历代知识精英和艺术家们许多选择通过自杀的方式结束自己的生命,这其中一方面反映出他们的自由意志,另一方面则表明他们内心怀有深重的罪恶感,只有通过自弃的方式来摆脱这种罪感,回复到绝对的平静。

(3) 耻感意识与东方文化

与西方社会的"社会化"主要体现为"罪感取向"不同,东方社会尤其是中国社会的"社会化"主要体现为"耻感取向"。关于耻感文化,本尼迪克特在研究日本文化的书中没有给出明确的定义,只是说"真正的耻感文化借助于外部强制力来行善",要依靠外部的促醒和推动来发展人的良心。它的被动成分是主要的。生活在这种文化中的人,时刻需要有外部的舆论压力才能保持住"恶行所带来的羞耻感",才会促其小心翼翼地处心向善。众所周知,日本历史受中国传统文化影响相当深刻,它的耻感文化也是吸收并整合中国传统耻感文化而来。

在每一个炎黄子孙的内心深处,都深深地烙印着耻感意识。从《水浒传》中的一百单八将到金庸笔下形形色色的各路豪杰,关键时刻他们口中往往会吐出同一句话——"我要是如何如何岂不被天下英雄耻笑?"也就是说这些人物的所作所为首先考虑的不是事情本身的是非曲直或个人的得失、感受,而是他人、社会的评价,以受人赞许为荣,以受人贬斥、嘲笑为耻,并由此决定自己的行为。其次,根据台湾学者朱岑楼先生的研究,儒家经典《论语》具有强烈的耻感取向,四百九十八章中与耻感有关的计五十八章。再有从耻食周粟的伯夷叔齐,到无颜面对江东父老的项羽;从耻为亡国奴的文天祥,到拒绝美国救济面粉的朱自清……无数可歌可泣的事迹,无数铮铮傲骨的人物,都源自中国文化的耻感意识。我们的文化中,表达这种耻感意识的语言比比皆是:"难以启

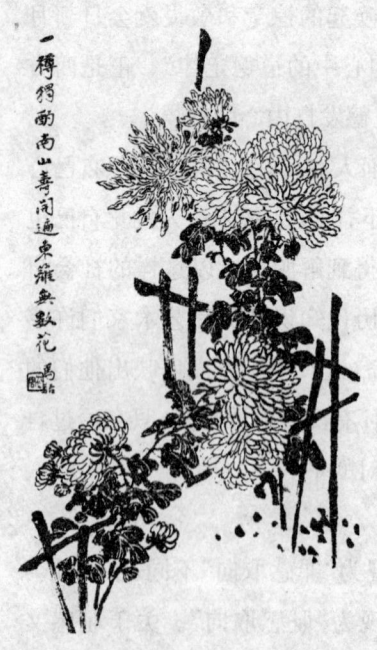

齿"、"无地自容"、"令人汗颜"、"不耻于人类"、"报仇雪恨"、"卧薪尝胆"、"士可杀而不可辱"、"三军可夺帅也,匹夫不可夺志也"、"宁为玉碎,不为瓦全"、"大丈夫头可断而志不可屈"……这些从一个侧面反映耻感意识对我们传统文化的支撑作用。

中华民族的耻感文化源远流长,深入民族精神的深层,哺育了一代代炎黄子孙,根深蒂固地融入了人们的道德实践之中。中国传统文化受儒家影响最深,无论是儒家性善论抑或性恶论,均要求人要知耻,要有耻感意识,这是人之为人的先决条件,有了这样的前提,再加上法的惩前毖后就可以具备君子人格。"耻"在中国传统道德哲学的逻辑体系中具有基础性的地位。儒家道德哲学体系的核心概念是"仁义",法家道德哲学体系的核心概念是"礼义"。儒家以"仁义"为核心的道德体系的着力点是个体伦理,其理路是由个体伦理到社会伦理;法家以"礼义"为核心的道德体系的着力点是社会伦理,其理路是由社会伦理到个体伦理。无论在以个体伦理为基点的道德哲学中,还是在以社会伦理为基点的道德哲学中,"耻"的体系性地位总是被充分肯定和凸显。由此,"耻"或"耻感"不仅历史地,而且逻辑地成为道德体系的原素和原色。从这个意义上说,中国传统文化以耻感意识为主,辅以罪罚等手段,使人成为真正意义上的人。"耻"成就了中国传统文化乃至东方文化发展的逻辑起点。这样的文化使人们惯于接受外在的束缚和威慑。

人的耻感意识并非先天固有,而是如德国著名社会学家埃利亚斯所说的人的羞耻感的产生是由于违反了自我和社会的禁律。耻感是人们自觉地求荣免辱的道德情感和价值意识,是因经历和体验到了人性和基本价值被亵渎而在我们人格深处产生的一种自我谴责和自我贬低意识。主体做了逾越底线伦理和基本的文化禁忌的事,就会觉得是一种奇耻大辱。同时,耻感是对别人批评的反应。一个人感到羞耻,也许是因为他被当众嘲笑或遭到拒绝,或者他自己感觉被嘲弄了。羞耻感虽是一种有效的强制力量,却要求有他人在场,至少要当事人感觉到有他人在场时这种感觉才存在。因此耻感文化强调外在的约束力。罪错暴露,才会受到他人的谴责与惩罚,社会才会把耻辱降落到这个人头上;假如罪错不为人知,那么也就不会有社会群体的压力。耻感文化中的个人,其所作所为首先考虑的是他人、社会的评价,所以这样的社会他律色彩较重,集体意识或实体主义较强。

在关于中国人人格的问题上,梁漱溟认为中国人是依存者。这种"依存"主要是指个人对他人的一种心理依存。在中国思想史上,所有传统的态度都不宣扬甚至不承认个体的独立性。人们的一言一行、一举一动心中都要想到有他人的存在,就算现场没有他人存在的情境,也要视作"有眼睛在盯着你"一般。这也就是儒家所倡导的"慎独"工夫。"慎独"是我国古代儒家创造出来的具有我国民族特色的自我修身方法。最先见于《礼记·中庸》:"道也者不可须臾离也,可离非道也。是故君子戒慎乎其所不睹,恐惧乎其所不闻。莫见乎隐,莫显乎微,故君子慎其独也。"慎独指的是人们在个人独自居处的时候,也能自觉地严于律己,谨慎地对待自己的所思所行,防止有违道德的欲念和行为发生,从而使道义时时刻刻伴随主体之身。刘少奇对慎独曾有这样的解释:一个人独立工作、无人监督时,有做各种坏事的可能,而不做坏事。

总之,耻是一种无罪的道德问题,罪是一种有耻的法律问题。耻感是能否合乎社会标准的一面镜子,而罪感是能否对自己良心交代的一幅心电图。黑格尔说,伦理是一种本性上普遍的东西。主体的价值意识告诫人们,我们的人性和文化中有一些基本的禁忌和规约,它主要表现为因害怕惩罚而产生的一种负罪感、内疚感和忏悔心态。人类文化的底线伦理与禁忌、罪感和耻感的确紧密结合在一起。其中耻感与罪感反映的是个人与他所处实体的普遍认同和回归,它们以各自不同的方式关照自我的心灵、维系着社会的公共伦理和道德。因此就某个社会而言,罪感和耻感意识并存,只是孰轻孰重。往往这两种情感意识取向不同,会造成社会主流价值观以及治国方略的差异。

2. 传统知耻意识的内涵

中华民族的文明是有着浓厚耻感意识的文化类型。这种耻感意识是基于一定的是非观、善恶观、荣辱观而产生的一种自觉的求荣免辱之心,是人们珍惜、维护自身尊严而产生的一种情感意识。传统文化中"耻"的包容甚广。清俭、正直、死难、谦退、忠节、强谏、义烈、悔过、让功、拒贿……都属于知耻;奢侈、邪佞、专恣、妒贤、徇私、贪污、耽溺、残酷、狎昵、辱命……都斥为无耻。古往今来,既有坚贞不屈的汉苏武、昏夜拒金的汉杨震、知耻自新的晋周处、闻鸡起舞的晋祖逖以及明代的少年英雄夏完淳等;也有鲜为人知的忠义智勇的唐段秀实、碧海丹心的宋郑思肖、大义斥奸的明杨继盛和清代烧车御史谢邦定与抗日英雄柯铁等;更有遗臭万年的指鹿为马的秦赵高、残暴肆虐的隋炀帝、残害忠良的宋秦桧和清代卖国太后慈禧等,吮痈无耻的汉邓通、奢靡挥霍的晋石崇、口蜜腹剑的唐李林甫和权诈作伪的清昱镜等。

"耻"在辞海中有三层意思:第一指羞愧之心;第二指可耻的事情;第三指侮辱。台湾学者朱岑楼研究《论语》有关耻感的五十八章中,认为纵观其论耻的言论主要有两大类:一类是对抽象耻感的重视,也就是指羞愧之心;一类是指可耻的事情,对什么是耻、什么不耻做了具体详尽的说明。这里的"耻"不仅表达对具体行为的鄙视,而且具有强烈情感色彩的否定。

首先,在抽象层面上,孔子认为"道之以政,齐之以刑,民免而无耻;道之以德,齐之以礼,有耻且格"(《论语·为政》)。就是说:用政令来管理百姓,用刑罚来约束他们,百姓只能暂时地免于犯罪,但不知道犯罪是可耻的;用道德去教化百姓,用礼教来制约他们,百姓不但有羞耻之心,而且能自己纠正错误。又如"行己有耻,使于四方,不辱君命,可谓士矣"(《论语·子路》)。怎样才可以算是一个士呢?孔子说:能用羞耻之心约束自己的行为,走到哪里都很好地完成君主的使命,这样就可以称作士了。

其次,在具体层面上,宪问第一章原宪向孔子询问什么是耻,孔子说:"邦有道,谷;邦无道,谷,耻也。"就是说:国家政治清明,可以做官领俸禄;国家政治黑暗,也去做官领俸禄,这就是可耻的。在这里,孔子并没有给原宪一个经过提炼且高度概括的定义,他只是具体分析什么样的行为是可耻的。

其实,关于侮辱、受辱在论语中也有论述。"恭近于礼,远耻辱也"(《论语·学而》)。对别人尊重恭敬,符合了礼,才有可能免受侮辱。"事君数,斯辱矣;朋友数,斯疏矣"(《论语·里仁》),向国君进谏的次数太多,就会招致侮辱;总指出朋友的缺点,朋友就会疏远你。还有"恭则不侮,宽则得众"(《论语·阳货》)等。

(1) 耻感意识是一种善恶观

耻,常常是与恶联系在一起。近代戊戌变法的倡导者康有为曾提出"四耻"之说:"一耻无志",做人只志于求富贵,而不致力于实行仁义,是可耻的;"二耻循俗",做人因循守旧,跟着不良风气走,不能卓然独立,是可耻的;"三耻鄙吝",为人性格鄙吝刻薄,为富不仁,是可耻的;"四耻懦弱",胆小怕事,见义不为,是可耻的。(《长兴学记》)可耻与无耻不同,它偏重于客观评价,比无耻程度略轻,不像无耻的主观色彩更重些。无耻就是做公认的坏事而没有罪恶感,被揭发出来后毫无愧色。它与因精神问题或认知判断错误而造成的对外界反应不敏感不一样。穿"新衣"的皇帝、有精神疾病的人,当他们恢复正常状态的时候会对自己曾经有过的行为感到羞耻。人们不会在他们不正常时说他们无耻。无耻、知耻就是指是不是有羞耻心,没有羞耻心的人不是他对具体行为的评判出问题,而是完全丧失道德感。当然有耻辱感的人也不意味着他们不做不正当的事或不做坏事,只是他们意识到什么是不该做的事,因此会偷偷摸摸,不会那么肆无忌惮。最无耻的当属做缺德的事,还厚颜无耻地找借口掩饰,这叫无耻之尤。孟子认为"无耻之耻"就是说没有羞耻感是一个人最大的耻辱。"耻之于人大矣!为机变之巧者,无所用耻焉,不耻不若人,何若人有?"(《孟子·尽心上》)孟子通过对无耻的攻击来强调知耻的观念,对无耻的厌恶甚至找不出更恰当的表达,反映出情感的极致。

通过对可耻与无耻的详尽描述和论证不难看出,儒家在讲仁义道德等正面观念的同时还特别要言耻,这其中大有深意。儒家在所有论及"耻"的方面都旗帜鲜明地对其采取了强烈的否定和厌恶的态度,也就是说"耻"与"恶"是一种正相关性。"无羞恶之心,非人也。"羞耻心是测试自己行为是否失当、是否存在恶及感知自己被他人尊重程度的心理机制,耻感意识有助于人们分清是非、把握善恶。朱熹曾有"耻于不善"而"至于善"之说,知耻方能明善弃恶,只有正确认识何者为是、为善、为荣,方才能耻所当耻,不至于以耻为荣。

(2) 耻感意识是人与动物的分界线

如果说在孔子那里知耻是对人们行为的外在要求的话,那么,孟子则把"羞恶之心"作为与生俱来的人的内在规定性,视之为是人的依据。孟子主张性善论,他认为人生来有恻隐之心、羞恶之心、辞让之心、是非之心,是仁、义、礼、智的萌动,而禽兽不具备人类这些天然的善性。食色,性也。这是人的两类自然本能,也是人与其它动物共有的行为。动物,尤其是灵长类,也有哺养之情、亲子之爱。而最能体现人禽之分的可能是有关性的行为方式。动物不知道遮蔽身体,且会乱伦。乱伦是人类所有的禁忌中最原始的内容,同时也是人与动物最原初的分界线。舍勒说动物不会害羞,人才会,所指就是这方面内容。在孟子看来,知耻与否是人与非人的分界线。"人之所以异于禽兽者几希,庶民去之,君子存之。"(《孟子·离娄下》)"无恻隐之心,非人也;无羞恶之心,非人也;无辞让之心,非人也,无是非之心,非人也。"(《孟子·公孙丑上》)传统文化中的耻感意识让人知道人的应然状态,同时把自己与自然、与动物区分开来,把自己从蒙昧和野蛮状态提升出来,成为真正意义上的"人"。孟子曾说:"人之有道也,饱食、暖衣、逸居而无教,则近于禽兽。圣人有忧之,使契为司徒,教以人伦:父子有亲,君臣有义,夫妇有别,长幼有序,朋友有信。"(《孟子·滕文公上》)这些话在教人区分人与兽差别的基础上推动人们达到伦理道德上的理想境界。在中国伟大的先哲们看来,知耻是人之为人的基本标准和起码的准则。一个人连起码的羞耻都不知道那就不是人了。孔子说一个人活到四十岁还被别人厌恶,他这一辈子也就完了。而被人厌恶多半是做了可耻的事情,这样的人被认为不配再活在这个世上。孟子说:"无羞恶之心,非人也。"朱熹进一步解释道:"耻者,吾所固有羞恶之心也。有之则进于圣贤,失之则入于禽兽,故所系甚大。"陆九渊也说:"夫人之患莫大乎无耻,人而无耻,果何为人哉?""人唯知所贵,然后知所耻"(陆九渊《陆九渊集》卷三十二,《人不可以无耻》)。

(3) 耻感意识是道德伦理的底线

道德有其底线原则,这种原则的最终实现是由耻辱感来完成的。传统文化在伦理方面的禁忌使其成为传统道德的底线,并通过人们内心深处唤起强烈的耻感意识来维系。依传统儒家的人文理念,知耻心被视为人之为人的人性底线;同时,也只有当耻感意识成为人们社会行为和道德意识的基础时,一个社会的道德文明教养才可以说有了坚实的基础。人以越过伦理底线为耻辱,为罪孽,因而自觉地不去做违背伦理的事。道德与人的羞耻感紧密相连,可以说羞耻感是人的道德底线,丧失了羞耻感做任何恶事都不会觉得良心不安,也就无所谓道德,也就不再是真正意义上的社会人。

中国历代都重视人的耻感,知耻意识是道德人格养成的必要条件。孔子认为,人在大的节操上不能超越一定的界限,在小节上略有点出入是可以的。他还说对于道德不能坚守不移、信仰道义不能忠诚执著的人,这样的人活在世上也和不在世上所差无几。朱熹说"人有耻则能有所不为"(《朱子语类》卷十三)。康有为也曾说过"人之有所不为,皆赖有耻心。如无耻心,则无事不可为矣"(《孟子微》卷六)。人的道德人格的养成是个不断趋善远恶的过程,耻感意识不断地提醒人们做应该做的事，不做让自己觉得羞耻的事。所以西晋哲学家傅玄说："德比于上，故知耻"（《傅子·仁论》）。"耻"既是伦理也是道德的基础和源头，在"耻"的道德哲学结构中，伦理与道德是互为前提，共生互动的。

（4）耻感意识是君子人格的体现

儒家极其重视个人的道德修养，知耻意识会激发人向上的动能，促进理想人格的形成。"士"是儒家理想人格的基本层次，其最重要的伦理特征就是"有耻"。"行己有耻，使于四方，不辱君命，可谓士矣。"（《论语·子路》）儒家言君子，不仅是谦谦君子，而且是顶天立地的大丈夫。司马牛曾问孔子什么样的人是君子，孔子说"不忧不惧"。司马牛接着问不害怕为何是君子呢？孔子说自我反省而不感觉内疚那还有什么担忧和害怕的。也就是说，君子在耻感意识的感召下，不曾做出对不起人的事情，心怀坦荡，就无忧无惧了，而小人则常会忧愁悲伤，正所谓"君子坦荡荡，小人长戚戚"（《论语·述而》）。君子与小人是对立的，君子往往知耻远耻，而小人往往与无耻相关，所以有"无耻小人"之说。《论语》中孔子指出：君子能相互和谐相处，但不盲目附和；小人盲目附和却不能和谐相处；君子心情安宁，不骄傲自大；小人骄傲自大，心情不安宁；君子通达于仁义；小人通达于财利；君子在贫困的时候能安守节操，小人穷困的时候就会为所欲为；君子对自己严要求，小人对他人很苛求；君子把义当作是最高尚的，君子有勇没有义，就会犯上作乱；小人有勇没有义，就会做强盗；君子时常想着道德，小人时常思念乡土；君子关心法令制度，小人贪图私利。

在儒家看来，关于君子与小人的论述所探讨的本质就是知耻与无耻的区别。在孔子的眼里，"不降其志，不辱其身，伯夷、叔齐与！"（《论语·微子》）也就是说不改变自己的意志，不辱没自己的身份，真正的君子就像伯夷和叔齐那样。而相比之下,乡愿人格则是孔孟最鄙视的。孔子说"过我门而不入我室,我不憾焉者,其惟乡愿乎!乡愿,德之贼也"(《论语·阳货》)。乡愿就是乡里人都称道的所谓老好人,他的实质就是指那些同流合污、不得罪人的好好先生。这种人是败坏道德的小人,所以经过孔子门前而不入者,孔子并不感觉有多少的遗憾。同时,媚俗的乡愿人格被孟子称做是不知耻的人格,与孟子心存迭来、克己明义的理想人格形成反差。

(5) 耻感意识是勇敢的前提

孔子曾提出基本道德规范体系即所谓"三达德"。"智、仁、勇"之"三达德"是修身、齐家、治国、平天下之本。智为知,仁为情,勇为意,由此知情意打成一片。孔子对它们排列的顺序是很有意义的,"知"是最重要的,没有"知"的仁或许是愚人之仁,没有"知"的勇就只能是匹夫之勇。何谓勇?勇的要义就是"知耻"。"好学近乎知,力行近乎仁,知耻近乎勇。"(《中庸·二十章》)因此知耻是达成真正意义之勇敢的前提。同时知耻也是靠勇气彰显,自愧而自谴、自责是需要有解剖自己、否定自己的勇气的。知耻可以成就勇敢,有勇方能真正知耻远耻。

孔子极力赞扬颜回的"不二过"精神、子路闻过则喜,细分析这中间就存在着耻的问题:做错事是一件不好的事,但毕竟人一生不犯错是不可能的,所以犯一次错不可怕,知道自己错在何处这是好事,怕就怕在又犯同样的错误,这就是可耻了。孔子的的忠恕之道首先是内省自讼,知耻有勇;次则过勿惮改,迁善齐贤;最后修己以安人,修己以安天下。在孔子看来小人与勇敢相对,而与怯懦和掩盖为伍。"小人知过也必文"(《论语·子张》),小人对自己的过失一定会进行掩饰。"色厉而内荏,譬诸小人,其犹穿窬之盗也欤"(《论语·阳货》),外表刚强但内心怯懦的人,假使拿小人打比方,就像是个挖洞翻墙的小偷吧!所以,知耻而后克服小人的这些弱点,就会变得无畏并勇往直前。

3. 耻感意识的特征

耻的内容是丰富的,同时耻本身也是矛盾的。它既是自律的,又是他律的;既是否定的、又是肯定的;既是正己的,也是正人的;既是残缺的,又是完整的;既是遮蔽,又是去蔽。总之,知耻意识是对自我异化纠正的认知,是自我整体的升华。正是其内部存在既相互矛盾又互相适应的特质,才使它在日常生活中具备抑恶扬善的内部张力,从而无时无刻、潜移默化地影响着人的思想和行为。

(1) 耻感意识的自律与他律

从辞源学上考察,"耻"既是他律的,又是自律的。"耻"从"耳"从"止",即有听到别人的批评而中止之意。美国学者 W. I. Thomas 曾提出人有四愿望说,即求新经验、求安全、求反应、求赞扬。所以他认为,人唯有在社会化过程中接受文化所灌输的价值体系,遵守行为规范,方能引起他人的情绪反应,赢得他人的口头赞誉并得到安全感。"耻"受别人的影响很大,耻感的产生要有他在,也就是别人的在场或其它道德力量的压制。在乎外界、远耻趋善是人类完成社会化进程的一种需要。从这个意义上说耻感意识的他律性是很明显的。

然而"耻"既是他律的,也是自律的。自律是"耻"的更深刻的道德哲学本性,它揭示"耻"的伦理也就是道德本性的意义。在古字中,"耻"的异体字"恥"是从"耳"从"心",它被文字学家解释为因不当行为而心愧耳赤之意,这便是自律了。"耻"有他律的性质,但在中国文化中,耻本质上是一种"内化的制裁"即自律。

耻感意识有两种表现形式或维度：一种是社会外在的他律，即所谓"废上之法制者，必负以耻"、"不能其事而失其职者，必使有耻"（《管子·法禁》），或者是"恭近于礼，远耻辱也"《论语·学而》，这种耻感意识的产生显然是由于违犯了社会禁律（法制或礼制）所致，它的实施需要他在或隐形他者的存在。在中国社会，有些人被斥为无耻之徒，这种人一方面受到自身良知的拷问，另一方面要受到社会舆论的谴责。另一种是自我内在的自律，如孔子教人"行己有耻"《论语·子路》，"克己复礼，则可以远耻辱"。荀子亦言："君子耻不修，不耻见污；耻不信，不耻不见信；耻不能，不耻不见用。是以不诱于誉，不恐于诽，率道而行，端然正己，不为物倾侧，夫是之谓诚君子。"《荀子·非十二子》这种内在的耻感意识毫无疑问可以构成一种强烈的自我行为的规约与自律，它强调人的内省自讼，是自我道德修养的源动力。

(2) 耻感意识的肯定与否定

从道德意义上说，"耻"既是一种否定性的制裁力量，也是一种积极向上的激励力量。"耻"之为耻，是在自我的真善美被否定的同时激起自我价值和自我肯定。"耻"往往伴随着恶，耻者也在耻感产生的时候看到自我的恶，在肯定这种恶存在的前提下将其否定，这就是所谓知耻远耻。"耻"作为一种伦理互动与道德回应，是一种自我制裁，尤其是一种自我的情绪制裁。《大学》中有"十目所示，十手所指，其严乎！"说明了耻感意识对人的制裁之大。同时"富润屋，德润身，心广体胖，故君子诚其意"也说明心无愧疚的人就会心宽体胖。

"耻"有否定性的一面与肯定性的一面，即"坏"的方面与"好"的方面。耻作为一条社会道德的底线，一旦触及并超越这个底线，他（她）就会受到外在和自身的制裁与惩罚。然而肯定性的方面，即作为道德的激励力量而不是制裁力量是其更本质的方面。"耻"不仅是一种否定性的制裁力量,也是道德生生不息的推动力。一个人能知耻即有羞耻心,从消极方面说会阻止他精神上沉沦,从积极方面讲则是具备使一个人被尊重的内在素质。同时"耻不若人"的自我激励也会形成积极向上的进取心,从而让人趋利向善、改过从新。孔子最担忧的是:"德之不修,学之不讲,闻义不徙,不善不能改。"(《论语·述而》)不过孔子也意识到知耻就能勇于改过,消极的改过再继之以积极的迁善,所以孔子以"见善如不及,见不善如探汤"来自勉。一方面阻止不当的行为发生,另一方面又要终止不符合原则的自我意识的再生,是有意克制与有益培养的同时发生。克制其不当,培养其适当。在不当与适当的矛盾与平衡中充满种种的冲突与斗争,在此冲突与斗争中,人不仅有对自我整体的升华,也有对于真理的亲近。首先人要明辨是非善恶,然后加以选择,存其是与善,去其非与恶,这本身就是一个动态的、积极向上的过程。在耻感意识中,消极因素往往可以转化成积极因素。比如,失败是一种消极甚至是可耻的事情,但是项羽因打了败仗感觉无颜见江东父老而拔剑自刎后,老百姓不但没有因他失败说他可耻,反而称颂他为英雄。如果当时项羽厚着脸皮投降汉军,刘邦也许会将他奉若上宾,抑或他厚着脸皮过江也会得到江东父老同情,继续称王。但是,项羽没那样做而是选择了自尽,显得悲壮惨烈。李清照赞为"生当为人杰,死亦为鬼雄"。人们欣赏项羽知耻的义举,虽败仍不失为大英雄,此处的"耻"不是真正的耻。"大丈夫有所为,有所不为",胯下之辱,何以为惧。韩信忍辱负重,最终帮助汉王刘邦夺得天下,成了历史上不可多得的一位将才;越王勾践卧薪尝胆,不忘国仇,最后深得民心,东山再起,"卧薪尝胆"成为千古佳话。还有一个经典的例子就是负荆请罪。战将廉颇本自以为是,但地位屈居文士蔺相如之后,"羞,不忍为之下。"其羞不是害羞而是羞愧之羞,是愧地位不如人。他心里不服,想通过羞辱蔺相如来取得心理平衡,而且这种辱必须当面施行才有效果。蔺相如面对的是羞辱之辱,但他的应对不是报复,而是忍让。其追随者的抱怨表明受辱不是一个人的事情,是同一阵营的共同耻辱。而蔺相如问心无愧,其最后感动廉颇的真情告白是把侮辱区分为来自强权者(强秦)与来自器小者(廉颇)两种。对强权者,得威武不屈;而对器小者,则不妨忍让化解,特别是为了更高的道义目标时,将个人耻辱恩怨转化为同仇敌忾的斗志,化消极被动变为了积极主动。

(3) 耻感意识的正己与正人

从方法论角度讲,"耻"一方面正己,另一方面也正人。耻感意识是人与动物的界线、是伦理道德的底线,只要这种禁忌意识存在,就是羞耻心仍未泯灭的证明。耻感意识的强化使个人意识上升到道德性的"耻",是激励人们达到"君子"人格的内在推动力,以此做到正己,从而到达所追求的境界:"君子无终食之间违仁,造次必于是,颠沛必于是。"(《论语·里仁》)与此同时,耻感意识有助于社会道德力量实现。这样的一种道德观念是一定社会的世界观、人生观、价值观的集中表达,为社会提供价值导向,为人们评价社会是非善恶美丑提供标准,所以它是社会道德力量实现的基本保证。耻感意识可以成为价值观念的主导,并通过一元化价值导向的激励手段,使人们共同坚守伦理道德底线。

耻感意识不但是个人的品德养成、人格形成的重要条件,而且是形成良好社会风气的必不可少的条件。对整个社会来说,如果社会成员缺乏耻感意识,人人都为所欲为,那么这个社会的风气将不堪设想。顾炎武曾认为如果人们没有了耻感意识,那么整个社会"则祸败乱亡无所不至"(《日知录》卷十三,《廉耻》)。康有为在其《孟子微》中也曾强调过,社会"风俗之美,在养民知耻"。清代思想家龚自珍说:"士皆知耻,则国家永无耻矣;士不知耻,为国之大耻。"荀子在他的《荣辱》一文中说:"荣辱之大分,安危利害之常体;先义而后利者荣,先利而后义者辱。"小到个人修养,大到民族气节,一个人、一个国家没有自尊就不能自强,就不可避免地要遭受屈辱。中国近现代的那段历史正是国贫民弱缺乏耻感意识的佐证。

总之,一方面对个人来讲,要善于对自己的行为动机、行为过程和道德品质进行反省,及时中止有悖于社会伦理风尚和价值取向的行为,起到正己之意。另一方将这种耻感意识延伸到工作和生活中,对集团(或集体)来讲可以起到警示和共勉的作用,培养耻感意识是维护集团声誉、增加凝聚力、提高效益的保证。对民族或国家来说,耻感意识有助于受到外来侮辱、民族自尊心或国格受到伤害而引起愤怒情绪的形成。马克思曾说:"羞耻就是一种内向的愤怒。如果整个国家真正感到羞耻,它就会像一只蜷伏下来的狮子,准备向前扑去。"(《马克思恩格斯全集》第1卷,第407页)耻感意识和内容成为众人共同遵守的道德规范,由此达到正人的目的。

(4) 耻感意识的残缺与完整

从心理学角度来看,"耻"一方面体现自我意识的残缺性,一方面又体现人格的完整性,是自我作为心理整体的完整性与作为理性整体的残缺性的相互冲突和斗争。在此冲突与斗争中,理性的功能被不断唤醒。理性必须对自我作出判断,不仅是对行为的合理性、合法性作出判断,也要对自己的心理意识、思想活动作出判断,判断其是否合理和合法,判断其是否符合价值、某种原则和尺度。当判断其不符合原则和观念与尺度时,理性就会意识到自身意识的不完整性和残缺。面对其不完整和残缺,理性就要发挥其纠错功能,就要行使自身建立原则的能力:一方面阻止不当的行为发生,另一方面又要终止不符合原则的自我意识的再生。金无足赤,人无完人。人不可避免地会受到诱惑、会犯错误,这是不争的事实。古人正是认识到了人有做耻事的可能性或人性在这方面的缺陷时,才想方设法告诫、提醒人们从善从良。也正因如此,这样的意识体现出人格的健康和完整性。反之,一个不知廉耻的人、一个无耻之徒的人格一定是不健康的,至少也是不完整的。

曾有学者对鲁迅笔下的阿 Q 做过一番精辟的分析,认为他正是由于耻感意识的欠缺导致了人格的不完整。阿 Q 是个缺乏羞耻感的人,甚至对耻是麻木不仁。阿 Q 的有些举止不仅是不体面而已,其对小尼姑、对吴妈的行为就是侮辱,可他全然不觉得有什么不妥,以至于吴妈因受其辱而想寻短见时,他还有脸去凑热闹。没有道德上的耻辱感,就是缺乏起码的尊重他人的观念。有时阿 Q 似乎也有自尊心,例如捉虱子不如王胡多时也觉得有失面子,一时激动之下不自量力而向王胡寻晦气,想以此克服自己的愧感。但阿 Q 经历最多是受别人侮辱,遭耻笑、被辱骂甚至被殴打是他的家常便饭,除了偶尔找地位更低的人发泄(如欺负小 D)外,几乎没有反抗的能力。但他有自己克服受辱感的方式,那就是精神胜利法。把欺负他的人想象成自己的手下败将或其它更卑贱者,然后心安理得地照旧混日子,最后终死于非命。愧本是自己技不如人,可他却迁怒于人;辱是因他人的侵犯,应该激起愤怒,他反而把生气变成高兴。侮人者必自辱,这种自尊心的丧失同他对自己和他人人格的不尊重是统一的。阿Q的整个反应是十分反常的,这表明其人格存在严重偏差。凌辱弱者竟自鸣得意,遭受侮辱则自轻自贱,这甚至就是变态了。设想如果阿Q有强烈的耻感意识,也许就能使他奋起、自强、自尊,从而达到人格的完善。

(5) 耻感意识的遮蔽与去蔽

从哲学意谓上说,"耻"一方面是个人本质上的遮蔽,一方面又是对这种遮蔽的去蔽。遮蔽是任何事物的本性,事物总有掩盖自身的一面。去蔽是揭示事物的本性,是将事物所遮盖之物去掉,使它的本来面貌显现出来。"耻"的出现就是不愿并害怕自己的残缺在他人面前显露。耻感意识强化了自我意识,使个人意识到自我作为整体显现在他人面前,且自己的某种残缺已经显露,这显露是残缺自身遮蔽的消失。知耻就是由于发现残缺所以要自我遮蔽,同时通过设防、警示等方式加以补救,这也正是自我意识对此遮蔽的去蔽。所以说,耻感意识作为自我意识的显现,要求自我意识对自身整体之残缺进行发现和弥补。这种遮蔽去蔽不是他人的作为,全凭个人对社会伦理道德价值观念的认同。如此思考,耻感不是一种消极的应对,它是人避恶趋善的过程,这也正是知耻而远耻的意义所在。

4. 与耻有关的几个概念

知耻概念不仅内涵丰富,外延也十分宽泛。小到个人修养,比如诚信、爱国、勤俭、忠孝、修身、仁慈、学问、义利等,大到治国方略,比如民本、革新、和谐、廉政等。古人把人的脸面、耻感提高到尊严、人格的高度看待,没脸皮、不要脸这些都是有损尊严甚至会失去做人资格的。同时,把"无耻"作为严厉的道德谴责用语可能也是中国文化特有的现象。从我们的书面及日常用语中,与耻字有关的词汇及使用程度的广泛与普遍,凸显了知耻意识在我们的道德观念中占有的重要地位。由重耻感衍生出耻忿、耻疚、羞耻、耻恚、耻愧、耻惧、耻辱、可耻、不耻、有耻、知耻、雪耻、耻笑,这些概念把知耻意识推向巅峰。不过,尽管这些词兼具耻感意识,但它们之间却有着一些微妙的差别,折射出耻感内容的丰富和意向的多样。

  与耻相关的第一个概念是"羞"。羞与耻尽管经常连在一起,但它们之间还是有差别的。尽管人对羞的体验需要有他在,但羞更多的强调人的一种自然天性,最初是与性有关联的。德国哲学家舍勒对害羞有出色的研究,其《论害羞与羞感》正是以性为焦点而做的非常别致的讨论。德文中的羞耻译作 scham,其实这个单词是与性器官有关联的。舍勒说,动物与神都不会害羞,只有人会,因为人处在两者(从本能到精神)的过渡中。羞在根本上具有遮蔽的意思。羞耻者总是在面对他者时试图掩盖自己,它包含了自我责备、自我否定、自我反省。人不愿将自己私人隐秘的东西公开,特别是不愿将自己的身体公开展示。来自身体的羞耻表明,穿衣不只是御寒,还在于对于身体的掩盖。掩盖自己的身体是因为身体是私人的,是人作为个体的权利。舍勒为此对害羞给予了很高的评价:在这种方向上,羞即"爱的良知"。冯友兰讲过一个故事:有个看门人叫王守仁,夜间在房内捉得一贼,然后他对贼讲一番良知的道理。贼大笑,问他:"请告诉我,我的良知在哪里?"当时是热天,他叫贼脱光上身的衣服,又说:"还嫌热吧,为什么不把裤子也脱掉?"贼犹豫了,说:"这,好像不太好吧。"话音未落他向贼大喝:"这就是你的良知。"对贼而言,裤子不仅是用来保暖的,更重要是用来遮羞的,而遮羞是所有人不虑而知、不学而能的反应。所以法国作家司汤达说羞耻心是人的第二内衣。羞是人特有的一种本能，人在害羞时脸会红、心跳会加速、身体会出汗，它与人做了不该做的事情以后心虚不同。羞是人正常的生理反应，同时羞又超越这种本能，羞的体验使人获得应有的尊严与庄重。在一个人身上羞的成分越重他（她）就越会在意周围对他或她的评价和感受，往往为耻感埋下伏笔。有羞而不耻，无耻而不羞。羞不一定耻，但耻一定羞。羞感是人性的本能反映，耻感是人性的观念反映。羞感提升人性，耻感提升德性。

　　与耻相关的第二个概念是愧、愧疚或羞愧。这种感觉多数与当事者的行为不当有关，当然不一定是不体面或不名誉的道德问题，它同能力或者行为后果有关，特别是当他同他人内心的希望反差太大，或者与自己渴求的目标距离甚远的时候就会产生这样的体验。一个夺冠呼声很高的运动员关键时刻失手，输给本来名不见经传的对手，会很不情愿接受采访面对观众，因为他（她）内心有愧。虽然愧没有涉及道德问题，行为本身是也公开的，但它会给人带来很大的压力，让人从心底里感觉丢脸、抬不起头。同时他人的在场会强化羞愧或愧疚的因素。越多的人对你的举动充满期待，你就越输不起。从失利的那一刻起，支持者的失望、悲伤，对手的得意、喧嚣，对当事者都是无情的压力。曾经不可一世的西楚霸王，最后要自刎乌江边，就是因为兵败使他再也"无颜见江东父老"。愧感和耻感相比，前者自省、自责的成分更重些，内心感受也更强烈。

　　与耻有关的第三个概念是"辱"，它有被羞辱或被侮辱的意思。在辱的行为中，受过的不是行为的主动者，而是被动者。侮辱有两种，一种如性搔扰或性侵犯，侮辱者的目的可以只是自身欲望的自我满足；另一种是羞辱，其行为动机是恶意的，其主要目的不是直接夺取受辱者的利益,而是打击其自尊心。所以,后者的行为往往需要公开,需要有他人的在场。韩信是在众目睽睽之下受胯下之辱;司马迁受的是被世人所耻笑的宫刑。宫刑比杀头更着眼于精神的伤害,因为受刑者还要活着面对世人,是真正的奇耻大辱。这里,他人的在场是侮辱或受辱的条件之一,侮辱者最想造成的影响就是让所有与当事人相关的人都知道,它是对当事人极端的不尊重,带有很强的敌对和挑衅。有时不单单指向个人,往往会是社会集团(民族、国家或宗教共同体)。所以受辱者一方面要有优良的心理素质和承受力,一方面也要有将这种情绪转化为积极向上的能力,比如蔺相如之于廉颇、司马迁著就《史记》。辱的对立面是荣,常有荣辱与共;而耻的对立面也是荣,所以有明荣知耻。与耻相比,辱的外在强加因素多些,而耻更倾向内在自我生成的感受。

　　一个心理健康的人应该具备羞、耻、愧、辱这四种情绪,如果缺之一二,他在人格上就是不健全的,比如前面提到的小说人物阿Q就是一个例子。不仅如此,这四种情绪体验可以相互转化。人由羞产生耻、由耻而生愧,而愧一旦上升为受辱的层面就会诱发出报仇雪耻的心理。在雪耻的过程中有些人申张正义、除暴安良,也有些人不择手段而滑入无耻之渊。钟会和嵇康均是史书所载的人物,生活在魏晋时代,故事发生在这两个名士之间。钟会有靠山想博取声誉,其手段通过加入"名辨"这一游戏规则,来结识、攀附名士中的大腕如嵇康。第一个故事中,钟会精心炮制一种论说,想得到嵇康的肯定以确证自己。但他实际又很自卑,很怕自己的作品不入嵇康法眼会当面难堪,所以有"户外遥掷,便回急走"的举动。这种不敢面对是怕自尊心受损招致蒙羞,有些脸皮薄之意。第二个故事,钟会已壮着胆子,脸皮厚一点,敢登门造访。但嵇康耻与为伍,竟"不为之礼",且语带讥讽，引出一则似是而非的问答。第一次钟会感受到的只是羞，第二次则是辱。于是他恼羞成怒，随后便以谗言加害本想攀附的人物，以报复的方式来取得心理平衡。钟会的问题不是没有自尊心，而是神经过敏，这种敏感背后是强烈的自卑感。同时他器量太小，只能靠报复来泄愤。报复是受辱的常规反应之一，本身不是人格问题。但他的报复不是光明正大的对阵，而是陷害，在道德上极为可耻。这是一个对耻辱敏感而又反应极端的例子，故事的主角从害羞者、受辱者一变而成侮辱者。与阿Q比，钟会的人格偏差未必更大，但他更是小人。同样做坏事，阿Q是麻木不仁，钟会则阴险毒劣。不知道自己行为的不道德，与知道行为的不道德而仍然找借口去做，前者是缺乏羞耻心，后者则为无耻。

还有一对与耻相关的词语，那就是"脸面"。"脸面"一词与耻感意识密切相关，从耻的生理反应"面红耳赤"到耻的心理反应"无颜见江东父老"都与人的脸面相关。"脸—面"二位一体，密不可分，但二者实有不同指谓。"面"是"耻"的伦理根源或"耻"的伦理现象形态，"脸"是"耻"的道德根源或"耻"的道德现象形态，二者在道德哲学体系和伦理精神体系中的地位有所不同。普遍的情况是：在特定情况下，一个人可以"不要面子"，但在通常情况下，对任何中国人来说，绝对不能"不要脸"。"不要面子"可能意味着丧失一定的伦理地位和伦理互动能力，以后可能还有机会"挽回"，而"不要脸"则一定意味着做了不道德的事而为社会或他人所不齿，也使自己感到"自耻"。"脸面"表征着道德与伦理一体，但"脸"在"面"前，意味着"脸"是"面"的基础和根本。

当然，这些体验在不同的时期和文化背景下也是各有侧重的。西方有深厚的基督教文化背景，所以他们津津乐道于西方传统中的羞,本尼迪克特在探究日本文化精神时着眼的是愧与辱,而有着儒家传统的中国人更关注的可能是耻。

5. 与耻有关的成语

不仅关于"耻"的字与词很多,从《中国成语大辞典》中我们发现与耻有关的成语也很丰富,在此摘录一些,耻感意识在中华传统文化中的地位可见一斑。

"宁为玉碎,不为瓦全":

成语释义:亦简作"宁玉碎,毋瓦全",即宁做玉器被打碎,不做陶器得保全。比喻宁愿为正义守大节而死,也不愿苟且偷生。

成语出处:最早出自《北齐书·元景安传》,后姚雪垠《李自成》一卷一二章:"咱们宁可玉碎,不为瓦全。能突围就突围,万一出不去,跟他们拼到底吧。"

"恬不知耻":

成语释义:即安然不知道可耻。

成语出处:唐冯贽《云仙杂记》卷八:"倪芳饮后,必有狂怪,恬不知耻。"宋吕祖谦《东莱博议·卫礼至杀邢国子》:"卫礼至行险,侥幸而取其国,恬不知耻,反勒其功于铭,以章示后。"《明史·曾同亨传》:"此中多暗修,非可概斥,即使阳假名义,视呈身进取,恬不知耻者,孰愈哉?"

"卑鄙无耻":

成语释义:形容人品质恶劣。

成语出处:《官场现形记》二七回:"贾某总办河工,浮开报销,滥得保举。到京之后,又复花天酒地,任意招摇,并串通市侩黄某,到处钻营,卑鄙无耻。"

"不耻下问":

成语释义:不以向地位、学问较自己低的人请教为可耻。

成语出处:《抱朴子·勤求》:"夫读五经,犹宜不耻下问,以进德修业,日有缉熙。"《论语·公冶长》:"敏而好学,不耻下问。"

"寡廉鲜耻":

成语释义:言人没有操守,不知羞耻。

成语出处:《史记·司马相如列传》:"寡廉鲜耻,而俗不长厚也。"

"令人齿冷":

成语释义:耻笑,形容让人极端鄙视。

成语出处:《鲁迅书信集·致台静农》:"北平诸公,真令人齿冷,或则媚上,或则取容,回忆五四时,殊有隔世之感。"

"报仇雪恨":

成语释义:报冤仇,洗刷耻辱。

成语出处:《三国志·吴书·孙策传》裴松之注引《吴历》:"收合流散,东据吴会,报仇雪耻,为朝廷外藩。"《明史·李时勉传》:"请选将练兵,亲出乱子,远小人,褒忠节,迎还车驾,复仇雪耻。"

"卧薪尝胆":

成语释义:形容刻苦自勉。

成语出处:《史记·越王勾践世家》:"苦身焦思,置胆于坐,坐卧即仰胆,饮食亦尝胆也。"

"士可杀不可辱":

成语释义:宁死也不受污辱。用以形容士大夫宁死不屈的气节。

成语出处:《礼记·儒行》:"儒有可亲而不可劫也,可近而不可迫也,可杀而不可辱也。"

"宠辱不惊":

成语释义:对得宠和受辱都不动心,指把得失置之度外。

成语出处:晋潘岳《在怀县》诗:"宠辱易不惊,念本难为思。"

"耻居人下":

成语释义:以地位在人之下为耻,形容胸有大志。

成语出处:宋陈亮《谢曾察院启》:"伏念某本无他长,耻居人下。常想英豪之行事,堕乃凡尘;颇知圣贤之用心,杂之泥滓。"

"耻言人过":

成语释义:以议论别人的过错为可耻。

成语出处:宋苏轼《司马温公神道碑》:"薄夫鄙人皆洗心易虑,务为忠厚,人人自重,耻言人过。"

"包羞忍耻":

成语释义:容忍羞愧与耻辱。

成语出处:明沈采《千金记·灭项》:"胜败兵家不可期,包羞忍耻是男儿。"亦作"包羞忍辱"。

"宠辱若惊":

成语释义:受宠、受辱都感到惊恐,形容患得患失。

成语出处:《老子》:"得之若惊,失之若惊,是谓宠辱若惊。"

"卑躬屈膝":

成语释义:弯着腰,低着头,形容谄媚奉承,没有骨气。

成语出处:郭沫若《洪波曲》五章:"他对于陈诚的卑躬屈膝,委实是一位典型的幕僚。"

"厚颜无耻":

成语释义:厚着脸皮,不知羞耻。

成语出处:《诗·小雅·巧言》:"巧言如簧,颜之厚矣。"

"荒淫无耻":

成语释义:生活糜烂淫乱,不知羞耻。

成语出处:巴金《丹东的悲哀》:"整天和不三不四的贵族女人在一起喝酒打牌,真是荒淫无耻。"

"降志辱身":

成语释义:降低志向,辱没身份,谓与世俗同流合污。

成语出处:《后汉书·刘表传》:"仁君当降志辱身,以济事为务。"

"礼义廉耻":

成语释义:古代认为礼定贵贱尊卑,义为行动准绳,廉为廉洁方正,耻为有知耻之心。

成语出处:汉贾谊《上疏陈政事》:"《管子》曰:礼义廉耻,是谓四维。四维不张,国乃灭亡。"

"明耻教战":

成语释义:向士兵申明军纪,使其以怯懦为耻而勇于作战。

成语出处:《魏书·张普惠传》:"明耻教战,振古常轨。"

"奇耻大辱":

成语释义:极大的耻辱。

成语出处:巴金《家》二二:"她看见那个奇耻大辱就站在她的面前,带着狞笑看她,讥笑她。"

"忍耻偷生":

成语释义:忍受耻辱,苟且求生。

成语出处:《醒世恒言》卷三六:"忍耻偷生为父仇,谁知奸计觅风流。劝人莫设虚言誓,湛湛青天在上头。"

"辱国丧师":

成语释义:国家蒙受耻辱,军士丧失生命。

成语出处:《明史·彭泽传》:"琼遂劾泽妄增金币,遗书议和,失信启衅,辱国丧师,昆,九畴俱宜罪。"

"辱门败户":

成语释义:败坏门风,使家庭受到羞辱。

成语出处:元李文蔚《燕青博鱼》一折:"哥哥,俺是甚等样人家,着他辱门败户。"

"辱身败名":

成语释义:身受辱,名声被败坏。

成语出处:《说岳全传》三一回:"一旦失手,辱身败名,是为不智。"

"身死名辱":

成语释义:人死了还受到羞辱。

成语出处:《野叟曝言》七六回:"但当以郑忽标题,专写三折,而末折证以鲁桓之求援,而反致身死名辱。"

"盛衰荣辱":

成语释义:兴盛、衰败、荣耀、耻辱,指人事发展变化的各种情况。

成语出处:明方孝孺《文会疏》:"虽盛衰荣辱,所遇难齐,而道德文章,俱垂不朽。"

"无耻之尤":

成语释义:形容无耻到了极点。

成语出处:《二十年目睹之怪现状》三六回:"这班人可以算得无耻之尤了。"

"无地自容":

成语释义:形容惶恐羞愧之极。

成语出处:《聊斋志异·狐惩淫》:"顷刻心下清醒,愧耻无以自容。"

"无面目见江东父老":

成语释义:谓自愧无颜见故乡之人。

成语出处:《史记·项羽本纪》:"且籍与江东子弟八千人渡江而西,今无一人还,纵江东父兄怜而王我,我何面目见之?"

"幽囚受辱":

成语释义:遭受被囚禁的耻辱。

成语出处:《史记·管晏列传》:"公子纠败,召忽死之,吾幽囚受辱,鲍叔不以我为无耻,知我不羞小节而耻功名不显于天下也。"

"知足不辱,知止不殆":

成语释义:谓人当知道满足,就不会因需求过度而受辱;能够知道适可而止,也就不会因去贪求而遭遇危险。

成语出处:《老子》:"知足不辱,知止不殆,可以长久。"

"不知人间有羞耻事":

成语释义:形容无耻到极点。

成语出处:宋欧阳修《与高司谏书》:"足下犹能以面目见士大夫,出入朝中称谏官,是足下不知人间有羞耻事尔。"

"耻与哙伍":

成语释义:指不愿与粗鄙庸碌之人为伍。

成语出处:《史记淮阴侯列传》:"汉初,韩信由楚王降封为淮阴侯,日夜怨望。有一次,他顺便去看望樊哙,樊哙跪拜送迎。出来后,韩信笑着说:'生乃与哙等为伍。'"

"忍耻含垢":

成语释义:含忍耻辱。同"忍辱含垢"、"含垢忍耻"。

成语出处:宋苏轼《上韩枢密书》:"好兵始祸者既足以为后嗣之累,则凡忍耻含垢以全人命,其为子孙之福,审矣。"

"瓶罄罍耻":

成语释义:① 比喻关系密切,相互依存,彼此利害一致。② 形容物伤其类。

成语出处:《诗·小雅·蓼莪》:"瓶之罄矣,维罍之耻。"

"耻居王后":

成语释义:指在文名上耻于处在不及己者之后。

成语出处:《新唐书·文艺传上·王勃》:"勃与杨炯、卢照邻、骆宾王皆以文章齐名,天下称'王、杨、卢、骆',号'四杰'。炯尝曰:'吾愧在卢前,耻居王后。'"

"不以为耻":

成语释义:不认为是可耻的,指不知羞耻。

成语出处:《邓析子·转辞》:"今墨劓不以为耻,斯民所以乱多治少也。"

二、知耻文化的历史意义

知耻文化的功能使它在历史上具有许多现世作用。知耻文化对完善人格、道德操守、理国治世、律法制订和个人教化等方面的影响,使其贯穿家、国、天下的传统理论范畴,奠定了国人的人格倾向、伦理精神和处世哲学。同时,知耻文化的完善也构建了古代荣辱观的雏形。

1. 耻之于做人

耻感意识的强弱程度,往往决定对自我要求的高低。一个有强烈羞耻心的人会在德业、学业、事业上提出高标准,时时以"不若人"为耻,奋发向上。孟子曾经说过,如果把行王道、施仁政等大事排除在外,从个人的角度考虑,作为君子有"三乐"。第一乐是"父母俱存,兄弟无故",就是说父母都健在,兄弟们就没什么好担忧的。第三乐是"得天下英才而教育之",即得到优秀的学生而培养他们、教育他们。而孟子的第二乐就是"仰不愧于天,俯不怍于人"。意思是一个人如果抬起头来想一想,觉得自己的思想行为没有什么是愧对上天的,低下头去查一查,认为自己的立身行事对任何人都不感到羞耻,便是人生一大乐事。即上对得起天,下对得起人。其实第一乐与第三乐都需要客观条件,它们不以个人的意志转移;而第二乐则纯粹是个人道德的自我审度,真正做到并不容易,关键在于不能欺骗自己、原谅自己。要不然,明明是可愧可怍的事,就算被敷衍过去了一辈子也会心不安的。这不禁使人想到二战期间日本在南京大屠杀中犯下滔天罪行的日本老兵，他们之中的幸存者绝大部分现在已年逾古稀，虽说他们已逃脱了战后的审判和惩罚，但仍摆脱不了心灵责问的纠缠。在一个名叫东史郎的老兵所写的《东史郎日记》中，他说因为参与了这场战争，作为侵略者亲历了南京大屠杀，从此自己的心灵就再也没有安宁，他选择在自己八十多岁高龄之时将真相说出来，就是要向中国人民真诚地道歉和谢罪。可见，耻感意识对个人的影响至深至远。

不仅如此，耻感意识还影响着待人接物。孔子在《论语》中批评"巧言、令色、足恭，左丘明耻之，丘亦耻之。匿怨而友其人，左丘明耻之，丘亦耻之"(《论语·公冶长》)。就是说：甜言蜜语、和颜悦色、过分卑恭，左丘明认为这是可耻的，在孔子看来也认为是可耻的；心里怀着对别人的怨恨，表面却装出与别人友好，左丘明认为这是可耻的，孔子也认为可耻。另一方面孔子赞扬"衣敝缊袍，与衣狐貉者立，而不耻者，其由也与"(《论语·子罕》)。就是说：穿着破旧的棉袍与穿着狐裘皮袍的人站在一起，却不感到羞耻的，大概只有仲由了。以礼相待是孔子着重强调的，"恭近于礼，远耻辱也。"对别人尊重恭敬，符合礼节，就不会有耻辱的事发生。同样"恭则不侮，宽则得众"(《论语·阳货》)，对别人礼让恭敬就不会受到侮辱，对别人宽容宽厚就会得人心。

在个人与国家的关系方面，孔子针对一般平民指出了人们所应具有的耻感意识："天下有道则见，无道则隐。邦有道，贫且贱焉，耻也；邦无道，富且贵焉，耻也。"(《论语·泰伯》)就是说：天下太平的时候出来做官，天下不太平的时候就退隐。国家政治清明而自己贫贱不能上进，这是耻辱；国家政治黑暗而自己富贵，也是可耻的。针对士大夫这一特殊阶层,孔子也提出了特定的要求,他对为官者说:"行己有耻,便于四方,不辱君命,可谓士矣"(《论语·子路》),认为做官的人首先应该具有耻感意识,知道何为耻,是否出世做官、为国家效劳也要根据实际情况来定。他把耻和国家兴亡联系起来,说:"邦有道,谷;邦无道,谷,耻也。"就是说,不管国家的前途和命运,只知道自己做官领取俸禄的人是可耻的。应该把个人的贫贱荣辱和国家兴衰存亡联系起来,应该以国家的无道为耻,把国家的振兴当作自己的一份责任,这才能体现士大夫的使命感和担当精神。

在学习方面孔子提倡"敏而好学,不耻下问"《论语·公冶长》,就是说既敏捷又勤奋学习,不把向地位比他低、知识比他浅的人请教当作是可耻的事。

在生活上孔子提倡节俭、朴素。"奢则不孙,俭则固,与其不孙也,宁固。"(《论语·述而》)奢侈就显得骄纵,节俭就显得固陋,与其骄纵,宁可固陋。有志于探求道却以吃得不好穿得不好为羞耻的读书人,孔子认为是不值得与他坐而论道的。

在个人言行方面,孔子认为人应以"不信"为耻。为人要做到言行一致,言行不一、说得到做不到就是可耻的事。"古者言之不出耻躬之不逮也"(《论语·里仁》),即古人不轻易开口说话,因为他们认为自己的行为与自己的言语不相符合是可耻的。"君子耻其言而过其行"(《论语·宪问》)。"其言之不怍,则为之也难",一个人如果说起话来大言不惭,做事也不会好到哪里。

2. 耻之于道德

耻感文化是中国传统社会道德的重要组成部分,早在夏商周时期,就有"其心愧耻,若挞于市"的说法。孔子非常重视道德的教化作用,表示:"道之以政,齐之以刑,民免而无耻;道之以德,齐之以礼,有耻且格。"(《论语·为政》)就是说,若仅以刑罚治民,民虽能免于犯罪但却不知犯罪行为是羞耻的;若以德治教民,民便有羞耻之心,且能端正自己的言行,从而自觉地有所不为,自觉地避免犯罪。用惩罚的手段,人也许因为害怕而不越轨,但那只是被迫和无奈;只有当人知耻了,才会自觉地不去做那些可耻的事。所谓"有耻且格"、"行己有耻",即人有了知耻之心,无论做人、办事、从政就不会乱来了。如果人不知羞耻,什么事都做得出来,那社会就不可想象了。

"耻"意识是道德的基础,"仁"是孔子也是儒家道德体系的核心,如何才能为"仁"？孔子认为,能行五者于天下者为仁:恭、宽、信、敏、惠。五者之中"恭"为首,"恭"的真义是"不侮","恭则不侮"(《论语·阳货》),"不侮"的真义即"远耻","恭以远耻"(《礼记·表记》)。可见,在孔子的道德体系中,"知耻"、"远耻"既是德性的起点,也是德性的最高体现;既是意识形态即认知形态的德性,也是意志形态即行为形态的德性。德治之所以有效,就在于它能使民众知耻、远耻。

孟子对于儒家道德哲学的创造性贡献之一,在于将"仁"推进到"义",在孔子提出的"爱人"普遍原则的基础上具体解决了如何爱人的问题。"仁,人心也;义,人路也。"(《孟子·告子上》)"仁义"合一、"居仁由义"才是现实的伦理与合理的道德。自孟子始,"义"便在中国道德哲学体系中具有了特别重要的地位,从而形成儒家以仁义为核心和标识的道德哲学体系。特别值得注意的是,孟子将"羞恶之心"提高到"义之端也"即"义"的根源性地位,也就将羞耻心与道德直接同一,将它当作道德的现实性与道德合理性的基础。所以,孟子特别强调"耻"对于德性人格的根本性意义,把"礼、义、廉、耻"称为四德,当作为人处世的根本。孟子更明确指出,知耻就是有"羞恶之心",懂得什么该做,什么不该做。同时,他也将仁和荣辱联系在一起,明确提出了"仁则荣,不仁则辱"(《孟子·公孙丑上》)的观点。

荀子在《荀子·劝学篇》中说,"物类之起,必有所始;荣辱之来,必象其德"。由此可见,所谓"荣辱"问题也同样是一个与"德"有关的理念。不仅如此,在《荀子·荣辱篇》中,荀子进一步把义利观与荣辱观结合起来,提出"先义后利者荣,先利后义者辱"的观点。也就是说,"荣辱"必然是根源于人对"德"的基本选择。而且"善择者制人,不善择者人制之;善择之者王,不善择之者亡。夫王者之与亡者,制人之与人制之也,是其为相悬也亦远矣"(《荀子王制》)。荀子在这里并不贬斥利,只是把义与利孰先孰后作为判断荣辱的价值尺度,选择正确就可以在社会上站住脚甚至可以统治天下。

宋代著名理学家朱熹说:"人有耻则能有所不为。"(《朱子语录·卷十三》)人只有"耻于不善",才能"至于善"。他在对孔子和孟子等人典籍的注解中十分强调耻对于社会道德的影响。为了整顿社会风气和道德,一些有影响的思想家如陆九渊、顾炎武等也都相继大力提倡知耻,并将知耻置于更重要的地位。陆九渊指出:"人惟知所贵,然后知所耻。""人不善之不可为,非有所甚难知也。""而至于甘为不善而不改之者,是无耻也。""人之患莫大乎无耻,人而无耻,果何以为人哉?"(《陆九渊集》卷三十二)顾炎武云:"朝廷有教化,则士人有廉耻;士人有廉耻,则天下有风俗。"如果社会一旦失去廉耻,则祸败乱亡无所不至。康有为亦云:"人之所以不为,皆赖有耻心。如无耻,则无事不可为矣。"他说:"耻之于人大矣,不耻恶衣恶食,而耻匹夫匹妇之不被其泽。"强调要把抽象的道德原则转化为具体的现实的行动,要使人们受其恩泽。龚自珍云:"士皆知耻,则国家永无耻矣;士不知耻,为国之大耻。"(《明良论二》)此外,他将个人的知耻与国家的兴亡联系起来,在普遍缺乏羞耻感的那个时代对道德提出新的要求和构建,提出了著名的"廉耻论"。

不仅儒家,老子在《道德经》中提出"知其荣,守其辱",包括法家等其他各派学说,也都给予"耻德"极大的关注。法家道德体系在传统道德哲学中具有特殊地位。法家道德体系最完备的是《管子》。《管子》道德哲学体系的核心是"八经四维"。与儒家相同,法家也以"礼"为伦理实体的基本概念,只不过它不是以"五伦"为伦理实体的设计,而是以"八经"作为伦理实体的根本原则。"民知义矣,而未知礼,然后饰八经以导之礼。所谓八经者何?曰:上下有义,贵贱有分,长幼有等,贫富有度,凡此八者,礼之经也。"(《管子·五辅》)在这里"耻"的核心是"不从枉",即不做不符合道德的事,知耻、远耻便可"邪事不生",即不会伦理失序,道德失范。

传统道德和文化价值的建构,就是要在人们内心深处唤起这样的警戒意识:为人之举而不为兽之举,有知耻之心而没有无耻之念。只有这样,人们才有自觉的价值意识。法是惩前毖后的,人也许因为害怕而不越轨,但那只是被迫和无奈;只有当人有了耻感意识,他的约束力才会持久和坚定。从这个角度来看,耻感意识是孔子所论及个人达到仁、义、礼、智、信的一个平台和基础。

耻感的伦理根源和伦理动力使个体成为一个真正意义上的人,它是从个体向伦理实体和人的公共本质回归的精神运动。以耻感为根基的荣辱观构成促进人们道德攀登的精神动力,有助于提升个体道德水平。因此,耻感意识是成就道德理想的基本环节。

3. 耻之于治国

中华文明能维系几千年,昌盛几千年,一个重要原因就是,我们民族强烈的耻感意识延绵不绝。儒家不仅早就认识到耻感意识在指导和制约人的行为、引导社会风气等方面所起的作用,并将其视为修身齐家、安邦治国的有效手段。法家虽然主张"信赏必罚","专任刑法"以臻于治,但其在强调法治、主张"一断于法"的同时,也同样重视"知耻"对治理国家、安定社会的重要性。法家将"礼、义、廉、耻"当作"国之四维"。如《管子·牧民》篇就认为,"国之四维,礼义廉耻。四维不张,国乃灭亡。四维张,则君令行,故省刑之要在禁文巧,守国之度在饰四维。"管仲虽为法家之代表,但他对于廉耻观念也是相当重视的。"四维"是道德规范体系或"法家四德"。"国有四维,一维绝则倾,二维绝则危,三维绝则覆,四维绝则灭。倾可正也,危可安也,覆可起也,灭不可复错也。何谓四维?一曰礼,二曰义,三曰廉,四曰耻。"(《管子·牧民》)在这个道德体系中,《管子》不仅将"耻"提高到"国之四维"即立国、治国的四项基本道德原则之一的高度,而且强调在"国之四维"中,"耻"既是底线,也是社会秩序和国家安危的最后一道防线,这个底线如果守不住,则国家的命运便不是"倾"或"危",乃至不是"覆",而是"灭","灭不可复错也"。可见,在法家道德体系中,"耻"不仅具有个体德性的意义,而且被提升到国家安危、民族存亡的地位。

与此同时,管子也从另一个角度论述耻与治国的关系,这便是"仓廪实则知礼节,衣食足则知荣辱"。这句话同样出自《管子·牧民》,"牧民"之意本指治理百姓,而这段话则是针对统治者而言的。管子从丰衣足食最重要的观点出发告诫统治者,仓库里满满的,百姓才能够知道生活中须有礼节;衣食都富足,百姓才知道什么是光荣什么是耻辱。所以掌管国家权力的人首先要考虑广大劳动人民的生活,只有人们的物质生活得到了保障,社会才会安定,才能有更高层次的精神文化诉求。这是民众知耻远耻不可或缺的前提，同时也为以民本治国的思想提供了理论依据。当然，古代的叔齐、柳下惠、苏武等都在非常恶劣的条件下坚守荣辱的气节甚至牺牲生命。对于民众来说，统治者还是要从他们的切身利益着想，关注民生问题，这在当前构建和谐社会奔小康的进程中，同样也有十分重要的意义。

4. 耻之于律法

耻感意识不仅影响治国方略，同时也深刻地影响国家制度尤其是法律的设计。早在孔子之前，周公就明确地意识到尚荣知耻对于国家安定的重要性。殷亡，周公总结其教训，认为主要原因在于无德无道，满朝文武寻欢作乐、欺压百姓，不以为耻、反以为荣。因此，他力主加强道德建设，大倡荣耻之心。在东征胜利之后，于政务倥偬之余，周公花去大量时间和精力制作新的礼乐制度，史称"先君周公制周礼"。其中包括嫡长子继承制、爵与谥之制、条律之制、驭官之制、礼乐之制等，形成了一整套治理国家的政治制度和社会制度。从此，天下百姓折服周朝，君臣有礼，巷民互敬，举国稳定，周代一直延续了五百年之久。

此外，作为古代律法制度之一的耻辱刑也是统治者运用耻感文化对国家进行管理的有效手段之一。它的历史最早可以上溯到尧、舜时期，一直沿用至明清。与肉刑、自由刑等通常意义的刑种有明显区别的是，耻辱刑的制刑目的在于激活罪犯的耻辱感，使其感受到因自身罪恶带来的耻辱，进而对自身行为感到懊悔、自责并寻求宽恕、愿意赎回和补偿；同时，对其他人也有一种明显的警示作用。这种刑罚设计与古代玛雅部落的"阿卓台"类似，它弥补了孔子所说的法律对于强化耻感的缺憾；"道之以政，齐之以刑，民免而无耻；道之以德，齐之以礼,有耻且格。"耻辱刑是耻感意识与法律制度有机结合的产物,体现了统治者把"耻"与"刑"融为一体,"以法辅德"、"以耻制耻"的法治理念。

耻辱刑在中国古代社会被视为惩治罪犯的当然刑种而广泛采用。耻辱刑种类很多,主要有以下几种:(1)象刑。即通过强迫罪犯穿上特殊的服饰以示惩罚的刑罚。《尚书大传》说:"唐虞之象刑,上刑赭衣不纯,中刑杂屦,下刑墨幪,以居州里,而民耻之。"这一类的惩罚方式常见的有:墨黥,以墨画面以代替在脸上刺字。草缨(蚤婴),用草作帽以代替割鼻的刑罚。共,割去衣服的下摆代替宫刑。对屦,穿麻鞋代替剕刑。赭衣,以穿赭衣来代替死刑。(2)墨刑。《说文解字》中说:"黥,墨刑,在面也。"墨刑亦称黥刑,刺犯人的面部并以墨窒之,留下烙印,使人一见便知,难与良民为伍,也便于官方的监督和控制。(3)髡刑。髡刑源于周,王族中犯宫刑者,以髡代宫,即断长发为短发。至秦时,成为一种剃除受刑者须发的刑罚。蓄发留须是中国古代男子的正常状态,此类刑罚采取的是将罪犯的发须强行剃除,使罪犯处于一种明显的非正常状态,并因此感受到痛苦。(4)刺字。从古黥刑演变而来,后世的刺字主要是附加刑。宋朝对于"盗"罪附加刺字,作为累犯的标记,并形成刺配刑。此后历朝皆有此刑存在,且对刺字的部位及字数等在律法中都作了相应规定。(5)枷号。又称枷示,是在枷上写明囚犯的姓名、罪状,于监狱门外或衙门

外带枷示众。一般是以朝枷夜放或以昼施枷夜收监的方式执行。刑期不确定,有一日至数日,也有数月乃至一年甚至终身枷号的。

以上作为体现仁恕恤刑理念的耻辱刑,除少数刑罚兼有肉刑的性质外,绝大多数都是轻刑,它们或是作为贵族和高级官吏犯罪时的替代刑,或是作为生命刑、肉刑被减免时的候补刑,或是作为轻刑而单独使用。无论是哪种情形,客观上都减少了重刑使用的频率和机会,凸显出道德教化的意义。另一方面,在重面子、倡德治的中国古代社会,这一刑罚有利于从心理上预防和控制犯罪。耻辱刑正是借助于外部的力量使受刑之人因耻感意识而"自省",直接作用于罪犯的主观世界,以达到教化的目的。因此,以羞辱人格为主要处罚手段的这种耻辱刑之所以在中国古代社会法律制度中长期存在,并在惩罚、预防犯罪方面发挥重要作用,毫无疑问是与中国传统的耻感文化背景紧密相联的。

5. 耻之于教育

就一般而言,社会精英群体的耻感意识更多地来自道德自律,而一般大众的耻感意识更多地产生于社会的他律规约。所以,大多数人的耻感意识需要通过精心教育和培养形成。关于人的耻感意识如何养成先哲有很多论述。重视耻感最早见于典籍的当属《诗经》,在"相鼠有皮"中讲到,连老鼠还有一张脸皮,人岂能没有尊严廉耻;人如果丧失廉耻,活着还有什么意思?接下来在四书五经中有许多关于耻的论述。宋代大儒朱熹在对孔孟等人的文章进行注解时,也着重谈到了"耻"。宋元之际,学者许衡认为:"教人,使人必先知有耻,无耻则无所不为。既知耻,又须养护知耻之心,督责之使有所畏,荣耀之使有所慕。"(《许文正公遗书》)即把知耻作为育人的先行内容,并时时督察责罚使他警戒畏惧,时时以荣耀的事例和榜样进行激励,以此养护其知耻之心。明朝学者吕坤在《呻吟语·治道》中说:"五刑不如一耻",即再严酷的刑罚,也不如让百姓懂得一个"耻"字。吕坤认为教育人懂得廉耻要比重刑更重要。人的道德提高了,知道了什么叫羞耻,什么事该做,什么事不该做,就能明辨是非,这比犯了法再来处罚更有效。因此,儒家一贯主张教化为先,惩罚在后。知耻是自省的一种心灵体验。在生活中,知耻与知过、改过常常是紧密联系的。儒家强调,人有过要"反求诸己",从自己身上找原因,不要"文过饰非",而要闻过则喜,改过迁善。"知耻近乎勇"(《中庸》),有过改之为勇、为荣;知过不改为过、为耻。为教育他人,顾炎武有知耻录,康有为提出四耻说等。清末的龚自珍鉴于鸦片战争前社会道德堕落和士大夫多缺乏羞耻之心的状况,倡导使国家振兴的"教之耻为先"的思想,并提出廉耻论。此外,这些教育思想还在《语林》、《日知录》、《记纂渊海》、《围炉夜话》、《菜根谭》等许多史料中有所反映。其实,除了上面提到的许多大儒、大思想家对荣与辱的经典论述之外,还有一些民间典籍之中也有关于耻的重点论述。

比如宋代有《西畴老人常言》一书。作者何坦,字少平,因其号为西畴老人而得此书名。他是建昌军广昌县(今江西广昌县)人。出身贫苦低微,由于发愤读书,得南宋孝宗朝举淳熙年间进士,授官广东提点刑狱司,专管本地司法刑狱、巡察盗贼等事。因廉政公明而备受百姓爱戴,号称岭南第一廉。卒后谥曰文定公。全书共分九个部分,即讲学、律己、应世、明道、莅官、原治、评古、用人、正弊,共113条。绝大部分沿袭古代儒家学说加以广阐博释。尤其在律己篇中作者从衣食住行、生活方式、价值观念等很多方面对常人进行界定,"自弃者,民斯为下矣,不足与有为也","若夫为恶为不义之小人,彼则有败乱耳,恶能达?"此外还有"惟俭足以养廉"、"君子安分养恬"等格言。

明代的徐祯稷著有《耻言》一书。祯稷,字厚源,一字叔开,号余斋,松江华亭(今上海松江县西)人。他是明代万历辛丑年间的进士,任四川按察司副使。以清廉仁惠著称,每当清风徐徐,当地人就会想到他并称之为徐公风。受其父写有《庸斋日记》和《徐氏家则》的影响,在他谢官隐居四十年间写就了《耻言》等书。《耻言》有两卷,按照作者自己的说法"耻言者,家居谈说偶识之简者也。言之未克行焉,庸无耻乎?存以备自省,亦以示后人,犹冀有能释予耻者"。也就是说,这部书是根据家居日常生活所谈论的话题做一简要记录。说了的事没有做到难道不是一件可耻的事情吗?这些话写出来是为了保存下来供他反省时对照的,同时展示给后人,通过这些话语希望有人能诠释他所说的耻字的含义。耻言卷一包含125条;卷二包含110条。在这部著作之中,作者用许多事例、话语昭示勤勉、诚信、节俭、忠孝和自律等思想,阐发出仁、义、礼、智、信这五种封建道德规范。徐祯稷以家学的方式一方面继承了父辈的治家传统,同时发扬了传统文化教育耻为先的精神。

清《格言联璧》,又名《格言合璧》,是一部格言书。作者金缨,字兰生,清朝后期生于浙江山阴一个颇为富有的书香人家。其所编《格言联璧》一书,按儒家《大学》、《中庸》之道,以诚意、正心、格物、致知、修身、齐家、治国、平天下等主要内容为框架,收集有关这些内容的至理格言,按当时人的阅读习惯分为八类,全书主要内容包括学问类、存养类、持躬类、摄生类、敦品类、处事类、接物类、齐家类、从政类、惠吉类、悖凶类。所谓成己成人之宝筏,希圣希贤之阶梯也。从个人、家庭到社会、国家,凡所应有,无所不有。作者的用意在于以金科玉律之言,作暮鼓晨钟之警。即用圣贤先哲的至理格言来鞭策启迪童蒙,从小懂得做人的道理,树立远大的人生志向,努力进取,长大以后成为于国于家有用的人。这些格言绝大多数都形成工整的对偶句。骈偶句式,结构整齐,易诵易记,读来琅琅上口。语言准确朴实,含义明晰深沉,极少用典,教诲启迪人们求真、向善、趋美。

民国时期有《八德须知》一书,它的主要编者蔡振绅,祖籍浙江湖州。受到福建黄继谷先生依照古本《二十四孝》的体例编撰而成的《八德须知》的启发,蔡振绅结合幼年时父亲给他宣讲的《孝经》以及先圣前贤的历史故事,把它们分类编辑整理成册。这套书的内容都是依据史书、史传中的真人真事而来,基本上由代表孝悌、忠信、礼义、廉耻等主题的故事组成,每则故事八十个字左右,配有插图。此书原名拟作《历史八德言行录》,因为黄继谷的《八德须知》在当时已有相当影响,为了扩大宣传面便沿用了这一名称。

总之,耻感教育尽管不像法律惩戒那样使人产生敬畏之心从而自觉,但是,最大限度地推行耻感教育会利于社会公民道德水平和素质修养的提高,使人趋善避恶。著名作家韩石山说:"接受一些最低道德教育,肯定不会遏制犯罪,但总可以使那些稍稍还保留些良知的罪犯,在作奸犯科时,会有所收敛吧。这,也就起到了它应有的作用。"这里所说的最低道德教育就是底线伦理即耻感教育。

在中国传统伦理思想史中,耻感意识一直是一种道德教育的重要德目。知耻作为传统道德的基础性规范,乃是人的品德养成和人格形成的基本要求和前提,周敦颐"必有耻,则可教"深刻地印证了这句话。人有了耻感意识,道德教育才有可能与可行;有了耻感意识,就会对他人的恶行产生厌恶之心,对内心的可耻企图产生愧悔之意,从而及时端正自己的想法;有了耻感意识,就会产生向善的追求,从而自觉地接受道德教育。所以,耻感意识一方面对个人来说是"人生第一要事";另一方面对于社会国家来说也是道德教育的重要内容和任务。

三、荣辱观念的演变及当代价值

重视耻感教育是儒家道德教育思想史的重要特点。知耻方可明荣,从古代耻感教育到古代荣辱观的形成再到当代社会主义荣辱观的倡导,反映出时代的变迁和社会的进步,折射出荣辱观念在当代的现实意义。

1. 耻感意识的渐变

在整个中国文化里面,"耻"字的含义和耻感意识随着时代的变迁发生过一些微妙的变化。首先,从字形和字意上说,在古字中,"耻"的异体字是从"耳"从"心",寓意因不当行为而心愧耳赤,"耳"和"心"在此是并列关系,说的是人身上的两个器官,表达的是人自身的一些反应,强调的是内在的体验和自律。而现代的"耻"从辞源学上考察,"耻"从"耳"从"止",即有听到别人的批评而中止之意。它揭示出一种他律,强调有他在的情况就会产生耻。和以前有所不同,从前无论是否有他人在场,只要自己做了不好的事情或不体面的行为,耳朵就发红,内心就会有挣扎、有内疚、甚至负罪。而现在的耻注重的是他律,也就是说即便做了什么不好的事情,只要不被人发现或人所不知,自己就不会有太多负疚和难过。从字意的变迁来说,"耻"的概念和当代人的耻感意识有点淡化了。

"过去,哲人言耻,着眼于善恶;后人言耻,着眼于成败。"这是当代学者余秋雨对当今耻文化的一种感悟。他认为,这个转变在古代科举考试制度中表现尤为明显。固然,金榜题名是人生一大快事,但与此同时又是几家欢乐几家愁。题名的家里张灯结彩、喜气洋洋,而没有题名的则像是做了什么不光彩的事,甚至夫人叮嘱自己的丈夫需夜深人静时悄悄从京城潜回家中。意寓白天回来给别人看到会丢脸,将是一件可耻的事。可以说在那一时刻,耻感意识从善恶观、是非观转变为一种输赢观、胜败观。

耻感意识作为人性的观念反映,是人的理性确立的价值尺度衡量的结果,往往带有很深的时代烙印和社会特征。比如在过去中国的封建社会家庭伦理观念以违背"三从四德"为耻,尤其对女性的限制极多:女子要恪守贞节、妇道,不得二嫁,男子则可以妻妾成群为荣;审美取向以含蓄、内敛为美,以露和秀为耻,笑不露齿、裹足束胸等极端做法都是那时对女子严格的行为界定,否则不仅会让自己蒙羞,也会让家族受辱。此外,在日常生活中两性话题羞于启齿,甚至列为禁忌;处世哲学以明哲保身和中庸为荣,以追求真理和公平为不齿等等。这些荣辱观可以从《左传》、《史记》、《汉书》、《后汉书》、《晋书》、《列女传》、《宋史》等许多古书记载的典故中反映出来。这些典故,一方面反映古代优秀传统美德的人和事,另一方面有一些需用当今价值观念重新审视的耻辱事例。比如,古代许多妇女为了狭隘的贞节观要么断臂远耻,要么削发明志,有的成了毁炕夫人,更多的则以跳河或上吊的极端方式来解决和处理问题。诚然,她们的勇气和精神值得钦佩,但在今天看来绝大多数的作法是不可取的。再比如,在对待偷窃的问题上,许多典故中都以放任和纵容甚至包庇的态度来对待这一行为,想用教化来激发偷窃者的羞耻心,从而让他们"放下屠刀、立地成佛",这种想法多少带有些理想主义的色彩,毕竟偷窃在这里已不仅仅是一种道德问题,它已经上升为法律问题,应该首先用法律的方式解决,然后再施以教化,这样的方式才更有惩前毖后的效果。如果都像道虔激耻、王烈遗布、于义诀讼那样,多少让人感觉有些失去了原则和立场。又如,对人的道德评价问题也涉及到荣辱观念,每个时代对人和事的评价也反映这个时代的荣辱观。欧阳修曾经在《新五代史》中将冯道说成是世上最无耻的文人,其原因就在于他身为文人却熟谙官场文化且做过六朝宰相,是典型的不忠不义。然而用今天的眼光来看冯道其人并不见得如此,五代时期的冯道不幸遭遇了历史上最黑暗、最混乱的时期,他满腔的理想、一身的才华总要有用武之地,无论为哪个皇上效忠,只要都是为人民服务,只要他在任期间为国着想、造福于民,他就是好官。所以这样的人在当今算不上无耻,充其量只是头脑灵活、处事圆滑而已,相比之下欧阳修的愚忠思想就显得有点幼稚了,毕竟人性是复杂的。

之所以把一些当今看来算不上美德或算不上耻辱的一些典故选录在中篇的"故事"中,就是让读者清晰地看到荣辱观念在传统文化中的发展脉络,证明荣辱观念在这几千年的演绎和变化。毕竟当时的荣辱观念曾对稳定封建社会、安定人心、维护封建统治起过积极作用,正所谓荀子所说的"荣辱之来,必象其德"。然而它们中的一些已与当今的价值观念不相适应甚至发生抵触,有许多不人道、不科学、不合理的成分需要重新整合。

改革开放三十年是中国经济、政治、文化和思想发展最快的三十年。经济体制改革形成了经济领域里多种经济成分并存、多种利益主体共济、多元分配方式同在的格局,使社会资源的不断再分配和社会利益结构发生变化,人民的物质生活水平有了很大提高。"仓廪实则知礼节,衣食足则知荣辱",有了物质基础做保障,人们的视野从物质生活领域逐步向精神生活领域拓展。对外开放的基本国策、日益广泛的世界交往和高度发达的信息传媒,使西方国家的经济、政治、生活方式和思想文化迅速传入,并不断融入社会各个层面,与中国社会的自身变迁相交织。所有这一切必然带来人们价值观念的转变,形成价值取向多元化的局面。当下是鼓励竞争的时代,竞争的焦点已从是非之争转为了输赢之争。自尊心的实现不在你是否被尊重,而在是否被羡慕,甚至是被嫉妒。于是传统的荣辱观念变了味,成了一种现实的中国文化。

　　文化的多样性和价值观念的多元化反映了社会进步和开放的程度,但良莠不齐、价值取向多元的复杂局面也会给许多人的思想带来困惑,充满焦虑。浮躁和急功近利使人的终极价值理念在追求感官享受中遭到无情冲击。而终极价值的迷失,使人的行为失去了唯一解释的价值尺度。因此,作为道德伦理底线的耻感意识也就遇到了前所未有的挑战。过去劳动、节俭、礼让光荣,现在却被有些人嗤之以鼻;而过去认为可耻的事却成为一些人趋之若鹜、竞相模仿的对象,笑贫不笑娼、见利忘义、背信弃义……只要成功或有利可图人们不再关心它是否取之有道。于是,好事可以成名可以宣扬;坏事也同样可以出名可以炒作。绯闻、隐私在过去是羞于启齿的,它会带来诸多的负面效应,而现在成了提高知名度和收益的强心剂,许多明星和公众人物乐此不疲。我们不得不承认,在利益获取与争夺的过程中,在利益的驱使之下,人们的耻感意识渐趋被自我蒙蔽。许多人丧失了对荣辱的认知和判断,变得惟利是图,越来越多的可耻行为已见怪不怪了:以次充好、以假乱真、坑蒙拐骗、投机取巧……而且更为可悲的是,人们对于这些不好的现象越来越持一种冷漠的态度。不但行为的发出者不以为耻,行为的承受者也同样如此。荣辱观念的模糊

上篇概论

让人们思想困惑、迷惘,甚至分不清道德是非。报纸上曾经报道一个大学生因在公交车上没给老人让座,遭旁人提醒内心不服上网讨说法的事,不禁让人发出"尊重公德难道还需要理由?"的感慨。同样,一段时间里网上关于《面对强奸,冒死反抗是人类的耻辱》一文的讨论,也使"饿死是小,失节是大"、"宁为玉碎,不为瓦全"等荣辱观念受到了前所未有的挑战。"无耻"似乎成为许多当代中国人最大的耻辱和悲哀,中国传统的荣辱观念错位了。

有学者称底线伦理的危机是民族文化最深层的危机,因为底线伦理关涉到文明和文化最深层的价值,关涉人性、"人"的理念、文明标准等基本信念。底线伦理的缺失不是一个普通的道德问题,它冲击"人"的类本质,挑战"人是什么"这样的基本问题,危及到"文化"、"文明"等基本理念。从个人角度说,如果一个人对底线伦理可以置若罔闻,如果一个人没有了知耻之心、羞恶之心,没有了负罪意识、忏悔意识,也就意味着他的人性泯灭。一个失去了耻感和罪感的民族,一个底线伦理崩溃了的民族,即使能在某些领域形成暂时的强大,但它是泡沫式的,它不可能创造真正的文明,它的最终衰败几乎是不可避免的,这种危机是我们今天所要忧虑和警觉的。

当然,时代的进步、观念与技术的变化、发展使中国传统文化的价值体系发生动摇,这种动摇造成了伦理道德的"合法化"危机,并导致传统耻感意识的钝化和退化,同时传统羞耻观念的弱化也与市场逻辑滋生出的个人主义和法制主义有关。这种渐变有它的必然,毕竟自我价值的实现和法制健全要求有它的合理和进步意义。但是,我们不必由此给现代文化以负面的道德评价,更不能得出耻感意识正在消失的结论。一个有旺盛精神生命力的社会,应当是一个"有耻且格"的既合宜有序又富含价值的自律型社会,而不是一个"免而无耻"的只受外在规则支配的他律型社会。耻感意识是个人道德调节和社会秩序调控的手段而不是目的。中国传统文化需要正本清源，耻感意识也需融合时代精神继续担当道德体系和伦理精神体系原素和原色的历史重任，推动民族伦理精神在新的文化条件下辩证发展。

2. 从知耻到明荣

知耻，代表着自尊、自重、自爱，它体现对他人、对社会的一种责任。近代帝国主义对中国的入侵、强迫订立的割地赔款的不平等条约、掠夺中国的文物等历史事件，都是中华民族的奇耻大辱。这种民族的耻辱曾激发了广大中华儿女奋起反帝反封建的革命爱国斗志。经过辛亥革命、五四运动和新民主主义革命，终于在中国共产党领导下打败了帝国主义及其在中国的代表势力，结束了半封建半殖民地的悲惨地位，建立了独立自主的社会主义新中国，使中国人民从此站了起来。中国任人宰割的历史成为过去，然而，国耻是永远不能忘记的。我们必须教育国人不能忘记过去，不能忘记八国联军的残暴入侵，不能忘记日本军国主义在中国所制造的一次次的血腥大屠杀……随着改革开放和经济的发展，中国的综合国力和国际地位有了很大提高，然而，我们必须清醒地认识到，帝国主义、狭隘民族主义和恐怖主义在国际上的势力仍大。做好本职工作，促进现代化的发展，使我国尽快跻身于世界强国之林，这是时代赋予我们的光荣而艰巨的使命。因此，要谨记邓小平同志的教导："中国人民有自己的民族自尊心和自豪感，以热爱祖国、贡献全部力量建设社会主义祖国为最大光荣，以损害社会主义国家利益、尊严和荣誉为最大耻辱。"

作为道德文明建设的一项基础性工作，荣辱观的弘扬教育应着眼于培养人的耻感意识，激发人的道德自律精神与积极上进的人生理想,从而使人们能够敏锐地分辨是非对错,并具备见义勇为、挺身而出的道德勇气。知耻教育应能使人们对自身行为产生真诚而深切的反省,以激发人们先行戒除自己身上的恶行,进而共同根治社会上的各种丑恶现象和侵害文明公德的各种毒瘤。知耻是真正学会做人的开始,也是一个社会文明与公德的底线。只有耻不若人,才会有长进;只有耻不文明,才会文明起来。

然而,只强调知耻还不全面。荣是内在的肯定和外在的尊敬,是个人尊严的维护。来自事业、政治和公民的荣誉是社会荣誉,它显示自我的成功,虽然来之不易,但不像道德荣誉那样难于获得和达到。荣誉的基础是完美、神圣和善良,既是有形的,又是无形的。荣是人的价值追求,适当的荣誉感有助于人的成长和进步,也有助于社会的稳定与相互协助。一个社会共同体内部如果缺乏相互尊重和彼此协作就不能发挥最大的潜力。同时,荣誉也具有十分重要的教育意义,一个得到赞誉的人不仅会从中获得巨大的进取力量,也会激起其他人对赞誉的向往。

荣辱观古已有之,荣辱之心亦需人皆有之。有学者曾系统梳理过中国传统荣辱观的基本内涵:将"重知耻而分荣辱"作为国家治乱兴亡之本;将"养民知耻"的荣辱观教育作为社会教化的根本宗旨;将羞耻意识作为人之为人的标志;将"不仁则辱"作为荣辱的道义标准;将廉耻作为官吏与士人荣辱观教育的重点。从这个概括和我们前面对耻感意识的分析可以看出,荣辱观作为中国传统知耻意识的体现,在古代更注重的是羞耻观念,所阐释的更多是一种善恶观。朱熹说,人只有"耻于不善",才能"至于善"。在《论语》中,关于"荣辱"的论述不太多,更多是从否定的意义上强调知耻的重要性。管子曾说"仓廪实则知礼节,衣食足则知荣辱",但对荣辱并没给出明确界定。孟子最早将"荣"和"辱"作为一对对立的概念来使用,他说:"仁则荣,不仁则辱。"(《孟子·公孙丑上》)把荣辱观与人性联系在一起。

比较详尽议到荣辱的应该是荀子,他有专门论述荣辱的一篇。什么是"荣"、什么是"辱"、什么是荣辱的区别在文章中都涉及到了。在荀子看来,"先义而后利者荣,先利而后义者辱"。"荣者常通,辱者常穷;通者常制人,穷者常制于人。是荣辱之大分也"。由此可见,"荣"、"辱"原本是与"义"、"利"密切相关的一对思想理念:"先义而后利",就是"荣";反之,若"先利而后义",甚至于见利忘义、唯利是图,就是"辱"。他将义利观和荣辱结合起来从而划清了荣与辱的界线。他认为人的尊卑荣辱并不是天生注定的,而是后天的努力和环境影响的结果。只要重视师法教化,就能获得尊贵、荣耀,反之就会卑贱、耻辱。先秦时期思想家关于荣与辱的深刻见解,对后来的学者也产生了深远的影响。

宋代思想家陆九渊指出:"人惟知所贵,然后知所耻。""人不善之不可为,非有所甚难知也。""而至于甘为不善而不改之者,是无耻也。""人之患莫大乎无耻,人而无耻,果何以为人哉?"(《陆九渊集》卷三十二)顾炎武针对明中叶以后学者空谈心性而不事国计民生的空虚学风和许多士大夫不讲操守、投机钻营的行为,把孔子"博学于文"、"行己有耻"两个主张合并,号召人们务实治学,坚守气节。他结合社会实际论述人之所以不廉,以至于做出"悖理犯义"的事,都源自于不知耻,如果身居官职的人不知羞耻,就是"国耻"(《日知录·廉耻》),论理深刻而警喻。还有龚自珍、康有为等人更是将个人的荣辱提到了国家危亡的高度。

荣与辱相辅相成,在没有荣辱判断准绳的前提下,无法保证荣是真正意义上的荣。求荣是实践的过程,而知耻是为求荣提供理性认识。知耻是基础,求荣是衍生。因为,只有认识知耻才能求荣,才能正视历史和现实。回顾历史,中华民族虽然饱经忧患,灾难深重,但始终屹立不倒、不可征服,就在于她血液中流淌着知荣辱的精神,在心灵的深处凝结着正确的耻感。前贤"富贵不能淫,贫贱不能移,威武不能屈"的刚毅,志士"不为五斗米折腰"的气节,先烈"人的身躯怎能从狗洞里爬出"的豪气,激励着无数人为正义、自由、尊严而战。其次,只有知耻才能求荣,才能重视道德、法律的教化作用,才能重视人类文明引导的结果,培养健全向上的人格。人类在历史的坎坷当中没有灭亡,恰恰是遵从社会教化系统中惩恶扬善、知耻求荣的有效规范。饮水思源,我们要感谢那些在人类教化路途中洒下汗水的中西先哲们,正是他们理论智慧的教诲,身体力行的示范,人类才能明荣辱之分,做当荣之事,拒为辱之行,从外在的强制走上理性的自约。可见,知耻并不意味着人终身在耻辱中生活,而是要将知耻作为求荣的动力,才能培养一个健全向善的人格,才能调动社会教化的手段来求荣避辱。

在物质和科学技术突飞猛进的同时,人类的精神家园可谓是花果飘零,在这样的年代,要警惕荣辱颠倒、是非混淆、美丑错位带来的危害。耻是荣誉的受损、是荣誉的丧失、是尊严的剥夺、是人格的降低。去年,媒体尤其是网上曾对某著名乐队的抄袭事件予以曝光和批评,并直指音乐圈中的这一事件反映出当下中国人的文化耻感问题。因为,个体的抄袭行为侵犯了他人的版权和著作权,抄袭之风的蔓延对民族的文化原创力构成危害。许多人认为抄袭不能成就文化巨星,抄袭偶像辈出不会带给我们文化自豪感,抄袭导致的成功恰恰是一个时代的耻辱,这是一个非常值得我们反思的问题。在耻感缺失、文化道德底线模糊的时候,应该有更多的人站出来对抄袭等其它一些不道德的行为说"不",公众应该成为社会风气的监督者和践行者。

3. 当代荣辱观及其内涵

恩格斯说,"每个社会集团都有他自己的荣辱观"。每个时代、每个民族的荣辱观,归根结底是由那个时代那个民族生产力的发展水平决定的,同时也极大地作用于经济社会的发展。改革开放给中国的经济带来迅猛的发展,人民群众的物质和精神生活发生了翻天覆地的变化。但任何事情都有两面性,这些成就的取得也使我们付出了代价:一是自然资源在某种程度上遭到过度耗损,自然环境在某种范围内受到严重污染;二是随着改革开放进程的加快和市场经济的迅速发育,社会上的思想观念、价值取向日趋多元化,一些人在基本的道德价值判断上出现了混乱,理想信念淡漠了,思想道德滑坡了,甚至在一些党员干部中还出现了腐败现象。之所以付出代价,应该说与社会主义荣辱观缺位有关。我们不无遗憾地看到,在改革开放和发展社会主义市场经济的过程中,伴随着五光十色种种物欲、金钱、美色的诱惑,大量外来的思想文化的涌入,以及社会环境的急剧转型,信息网络传播方式的飞速发展,利益多元化下的社会价值多元化泥沙俱下地带来了一些消极负面影响。金钱至上、享乐主义、极端个人主义滋生和蔓延,导致一些人内心深处的羞耻感和罪恶感渐渐丧失,价值观扭曲和畸变,社会上出现了荣辱、美丑、善恶、是非颠倒错位现象,有些现象真是叫人痛心疾首。于是,这样的现实局面呼唤耻感意识,需要重新构建一种新型的荣辱观。

荣辱观在我们这个时代具有普遍性意义。在利益多元化的现代社会,要造就良好的社会风气,形成先进的社会文化,必须有社会成员广泛认同的社会心理,有评价社会成员行为的共同价值标准。荣辱观不仅是"德之大端",是良好社会风气之"大端",也是一个民族思想道德的基点,是一个国家精神文化的基石。当代荣辱观应涵盖社会公德、公民道德、职业道德、家庭美德等基本要求,包含世界观、人生观、价值观等深刻的思想启示。

中国传统荣辱观为当代荣辱观的建立提供了历史的借鉴,社会主义荣辱观应运而生。以"八荣八耻"为核心的社会主义荣辱观,于简练的表述中蕴含着丰富的内涵。社会主义荣辱观既与中华民族精神和传统美德一脉相承,同时也带有鲜明的时代特征,是时代精神的汇聚和体现。社会主义荣辱观回答了在社会主义社会中什么是光荣,什么是耻辱的问题。具体来说:

"以热爱祖国为荣、以危害祖国为耻",就是在新形势下,以建设祖国、保卫祖国、富强祖国为最大光荣,以损害祖国的荣誉、尊严和利益为最大耻辱。

"以服务人民为荣、以背离人民为耻",就是每个公民不论职务高低、能力大小,都要在不同岗位、通过不同形式为人民服务,与此同时,要高度警惕可能出现的种种背离人民利益的倾向。

"以崇尚科学为荣、以愚昧无知为耻",就是面对日趋激烈的国际竞争,我们必须把科学技术真正置于优先发展的战略地位,并且在全社会形成讲科学、爱科学、学科学、用科学的社会风尚。

"以辛勤劳动为荣、以好逸恶劳为耻",就是随着社会主义市场经济的建立和完善,我们要在各行各业包括新兴行业中培养爱劳动的思想,并使之成为衡量公民道德品质的价值尺度。

"以团结互助为荣、以损人利己为耻",就是要在市场经济条件下形成良好的社会风气,避免种种损人利己的行为。

"以诚实守信为荣、以见利忘义为耻",就是要将诚实守信作为个人行为的基本准则,作为企业、事业单位乃至政府工作的基本准则,对假冒伪劣、不讲信誉等行为予以严厉谴责。

"以遵纪守法为荣、以违法乱纪为耻",就是要增强法律意识,自觉维护法律尊严。

"以艰苦奋斗为荣、以骄奢淫逸为耻",就是要认识到我们现代化建设的路还很长,任务还很艰巨,必须在新时期发扬艰苦奋斗的精神,形成"节约光荣、浪费可耻"的社会风尚。

以"八荣八耻"为主要内容的社会主义荣辱观,既发扬了中华民族的优良传统,又具有鲜明的时代特征;既立足本国,又面向世界;既把握今天,又面向未来。它对荣耻的界定、是非的判断、美丑的区分,立足中国的现实国情,着眼现代化的发展要求,体现了继承与创新的统一。一个时代有一个时代的精神风尚,"八荣八耻"在全社会蔚然成风,我们的民族就能够在思想道德建设上站在时代前列,引领时代风尚,推动时代进步。

"八荣八耻"继承了中华民族传统的荣辱观念和知耻美德,具有深厚的传统文化底蕴。将古代的知耻意识、传统的耻辱观发展成为社会主义新型的荣辱观,吸收时代精神和普世价值的内涵,注入时代的特点和实践的要求,使其充满生机和活力,富有民族性、感染力和吸引力。从耻辱观到荣辱观虽然在表现形式上只是一字之差,但它的意境却十分深远。它突破了我国传统道德中主要以"耻"来阐述知耻意识和知耻文化的局限,从侧重抑恶到弃恶从善并举,把"荣"与"耻"这两个古老的传统道德概念切实呼应起来。

"八荣八耻"在具体内涵上突破了我国传统文化中把荣辱观仅仅作为道德范畴的局限,从社会主义价值观总体要求的高度丰富、拓展

上篇 概 论

了荣辱观的内涵和外延,把法制精神、民主精神、人文精神以及中国共产党人在革命、建设和改革过程中形成的优秀精神品质,如解放思想、实事求是的求真务实精神,与时俱进、勇于创新的开拓进取精神,艰苦奋斗、淡泊名利、无私奉献的牺牲精神和集体精神融入其中。

有荣就有耻。羊侃弃子救国,在国家危难的时候,羊侃舍小家救大家,置自己的亲生骨肉于不顾,甚至为了让敌人不能以自己儿子要挟自己的部下,用箭射杀儿子,我们可以说羊侃不是一个好父亲,但他绝对是一个爱国英雄。他用自己的牺牲换来了整个国家的安定,怎么能说他的作为不是光荣的?赵高,为了报自己的私仇,杀扶苏、害蒙恬,推举昏庸的胡亥为皇帝,又杀掉李斯,把皇帝玩弄于股掌之上,还指鹿为马,杀掉了一批忠良,最终导致秦朝灭亡,他的行为怎能不可耻?只为一己之私,欺上压下,陷害忠良,视国家安危如儿戏,鱼肉百姓,他的行为令人发指。

荣耻泾渭分明,始终与社会的发展相伴随。作为个人,有的人前半生荣、后半生耻;有的人在这方面荣、另一方面耻。颜真卿字好,但他人品更高,故受人尊重和推崇;同样郑孝胥也是书法家,但他在伪满洲国投靠日寇,为国人所不齿。又如汪精卫在清末行刺摄政王有功,百姓拍手称快,但后来降日成汉奸又遭世人唾弃。所以,整个人类的发展史实质上就是一部鲜明的荣与辱交替的历史。

在树立荣辱观的过程中,有的人把荣辱观比做镜子,有的人把荣辱观比做尺子,更有人把荣辱观比做是分离人灵魂的分离仪。谁的灵魂是美善的,谁的灵魂是丑恶的,荣辱观一试便知。人生天地间,以何为荣,以何为辱,体现了一个人对世界、对人生、对社会的基本态度,也反映着一个人的素质、追求和境界。有什么样的荣辱观,就有什么样的人生选择和人生道路。无论古今,社会道德底线是不能被突破的，否则这样的人就会遭世人唾弃，这样的社会就将陷入混乱走向衰败。我们今天同样面临一个守住社会道德底线问题，要按照"八荣八耻"要求，重构社会价值体系，筑牢道德防线，树立起明荣知耻的道德标杆，为构建社会主义和谐社会提供良好的道德支持和精神动力。

值得欣慰的是，中华民族从来不缺乏知耻明荣的仁人志士：在现代化的进程中，各行各业不断涌现着弘扬传统美德离耻趋荣的动人事例：水稻之父袁隆平，SARS克星钟南山，踽踽独行于山间的邮递员王顺友，102万乡村医生的杰出代表李春燕，人民的好公仆李元龙、牛玉孺，因博爱感动中国的丛飞、桂希恩，在感恩中前行的残疾人邰丽华、黄舸，还有草根典型林秀贞，关爱他人的符号"微尘"等等，许许多多可歌可泣的人或事，他们共同织就我们身边的一张荣辱网，让我们感受人间的正道与温暖，见证传统美德在新时代的发扬与光大。

中华民族复兴的前提在文化，文化复兴的前提在如何去实现我们的标的——"和谐社会"。而实现真正和谐社会的前提就是"知荣知辱"。认识了荣和辱，区分了能做和不能做，就可以完成人格的升华，社会就会稳定、祥和。从个体来讲，我们需要把"八荣八耻"作为自己的道德遵循，以此规范言行，砥砺精神；就社会而言，我们需要把作为社会主义核心价值体系之一的当代荣辱观与整个思想道德建设、社会主义先进文化建设融为一体，形成中华民族应有的精神风貌。

知耻明荣，这是人之为人的基本要求。传统儒家荣辱观在强调知耻的同时，鼓励追求更高的道德价值。退可以避辱，进可以求荣，于是可以确立并维护人之为人的尊严，进而可以养成高尚的人格，这就是儒家荣辱观的实质内容。与取义成仁相一致的求荣之途，具有崇高的道德价值,它是塑造中华传统美德的重要元素,也是当今社会生活中亟需大加推崇的美德。在发展市场经济的过程中,人们的思想观念和生活理想容易被拜金主义、物质主义、利己主义所左右,如果不能确立高尚的道德信念和人格追求,那么人性的堕落和社会正义的丧失就将难以避免。如果说知耻在于防患于未然,那么求荣则可以锦上添花。要切实有效地抵御拜金主义、物质主义、利己主义的腐蚀和影响,从根本上还是要靠高尚的精神追求、道德信念和人格理想。因此,守护我们的心灵、保持心灵的纯真,就要从荣辱观念中获得心灵成长的营养。知耻就守住了道德的底线,就守护了我们的心灵家园。而明荣则会让我们的家园更纯净,开出更绚美的花朵。

- 中篇 -

故事

一、春秋战国故事

不食周粟

殷朝的时候,叔齐和伯夷是古代有名的隐士兼贤人,因他们是国君的儿子,国君要把王位传给他们,但他们觉得自己能力不够,都婉言谢绝了。后来听说西伯昌贤能,就把国家托付给了他。不久西伯昌死了,叔齐和伯夷遇到他儿子武王抬着灵柩讨伐商纣,就劝他说:父亲死了不守孝,讨伐君主乱上,不忠不孝的事情不能做啊!武王的随从听了很生气想把他们杀了,被姜子牙止住了,姜太公说他们是贤者,这才使他们二人逃过此劫。后来周武王推翻了纣王的暴政,平定了天下,改国号周。叔齐和伯夷感到很耻辱,羞于吃周朝的粮食。从此就去了首阳山,每日靠采集野果野菜为生,最后竟活活饿死在了那

里。(《史记·伯夷列传》)

成汤放桀

三代时候,商朝的汤王作为契的后代,起初是在夏朝做着诸侯,居住在亳的地方。他听说伊尹贤能,就派人用聘礼去聘请伊尹三次,伊尹终于到汤王这儿来了。可随后,汤王就把伊尹推荐到桀王那边,希望他能辅佐桀王。汤王从亳到夏朝朝廷里,前后一共去了五次。每次他都把古时候唐尧虞舜做人君的大道理告诉桀王,但桀王始终不肯听他的话,反而更加暴虐了。汤王不得已,发了誓起兵去攻打叫鸣条的地方,然后把桀王流放到一个叫南巢的地方。汤王虽然流放了桀王,但自己以为这桩事未免有伤德性,感到惭愧,说道:"我恐怕后世的人把我当做话柄。"于是仲虺就做一篇诰文,来说明整个事件的来龙去脉。(《史记》)

伊尹逐王

三代时期,伊尹辅佐殷商,权重责大,共历成汤、外丙、中壬、太甲、沃丁等五朝,他整顿吏治、洞察民情,使商朝初年政治清明、国平民安。在他辅佐太甲之时,发生了一件为后人所永志不忘的事情。根据史书记载,太甲初登皇位,昏聩暴虐,德行败坏,于是伊尹把太甲流放到桐宫(位于现在的河南省偃师市汤泉村),伊尹自己摄政理天下。这时,太甲开始追悔前行、诚心向善,伊尹觉得时间到了,又将他迎回,归政于他。后人提及此事,多半赞扬伊尹为圣人贤者;但也有人拿此作由头,说伊尹做了窃国夺位之事,让人不齿。(《史记》)

中 篇 故 事

誓不做官

周朝时候,楚国有个叫老莱子的人挺有才华,但因为想逃避世俗,所以不愿做官,隐居于市井之间。楚王听说此人后,亲自到他家来请他为朝廷做事,老莱子盛情难却就答应了。楚王刚走,老莱子的妻子背着竹篮、挟着一些柴草回来了,进来便问:"门口为什么会有这么多车轱辘的印子呀?是不是有什么人来过了?"老莱子兴奋地说道:"是楚王来过了,他让我去朝廷做官,我答应他了。"可没想到他的妻子竟然不同意他去做官,她说:"吃了人家的酒肉,拿了人家的钱财,就要受人家的管制,一点自由都没有。"随后她把身上的竹篮一扔就夺门而出。老莱子急了,只好说:"你回来让我再想想。"可他的妻子并不理会,头也不回一直跑到江边才停下脚步。老莱子看妻子这样坚决,彻底断了到朝廷做事的念头,永不再提做官的事了。并且,为了不再受打扰,把家搬到了江南住了下来。

其实,男子汉大丈夫志在四方,做官也好隐居也罢,本无可厚非。何况楚王能够放下自己的架子,亲自到老莱子家里请他为朝廷效力,老莱子答应了,这也是人之常情。然而他的妻子却不以为然,反而觉得丈夫贪恋官场是一种羞耻,毅然把身上的竹篮一扔离家出走,她的这种品性不是一般人比得上的。收录这个故事,只是为了让那些爱慕虚荣、贪图荣华富贵的女人感到羞愧。(《八德须知》)

舍生取义

周朝时候,戎人灭了盖国。盖国的君上自杀了,他手下有个叫邱子的人也想殉国自杀,但被人家救了下来,没有死成。回到了家里。本以为妻子会喜出望外,可他的妻子见到他回来,却说:"国家已经亡了,君上也已经死了。你为什么还活在这个世上呢?"邱子说:"我回来不是为了爱惜自己的身子,我是想如果我自杀了,恐怕触犯了戎人的命令,以致连累了你和孩子们呵。"他的妻子听后便说:"我和孩子这些都是私爱,而你事奉君上却是公义。现在为了妻妾的缘故,你却失去了做人家臣子的大节,没有了事奉君上的礼体。这样偷生苟且活在世界上,我做妇人的都觉得羞耻,况且你是一个堂堂的男子呢。我不能够同你蒙着羞耻活在这个世上。"说完,她就自杀了。(《二十四史》)

知耻自新

周朝时候,有一个替齐国宰相晏子驾车的人。有一天,晏子的车马正好经过车夫的家门口,车夫大摇大摆打开车盖去奉迎晏子,一副小人得志、狐假虎威的样子,这一幕恰好给躲在门里面的妻子看到了。过了一会儿,驾车人回来了,他的妻子提出要离他而去,驾车人感到莫名其妙,问为什么。妻子说:"晏子的身高还不到六尺,可是在齐国做了宰相,名声显赫传遍千里,但我看他出来时却平易近人、谦虚和气;而你呢,身高八尺只是个给人家驾车的,出来时却趾高气扬、洋洋自得,我为你感到羞耻,这就是要离你而去的原因。"车夫听了妻子的话十分惭愧,决心改过自新,开始变得恭让和谦虚。晏子觉察到了他的变化感到有点奇怪,就问车夫其中的缘故,车夫如实说来,把事情的原委详细地告诉了晏子。晏子称赞他能改过自新,还推荐他做了齐国的士大夫。

吕坤说:"车夫的妻子,一个仆人的妻子而已,却能明察秋毫,洞察晏子和丈夫的差距,这是许多士大夫们都比不上的呀。"(《八德须知》)

中 篇 故 事

善用其耻

周朝时候,晋国派使臣到楚国,楚王想羞辱晋国的这两个使臣——韩起和叔向,就问满堂的士大夫:"我想侮辱他们两个,大家说可不可以啊?"一旁的蓬启疆听后说:"如果我们做好了充分准备,那没有什么不可以的。不过羞辱一个平民尚需要做好他反攻的准备,何况你要羞辱的是一个晋国呢?我听史书说,圣明的君王都是遵守礼法、尊重别人的。在我看来晋国对君王您还是很好的:您要召见诸侯,他们就蜂拥而至;您想要娶儿媳,人家就争先恐后把女儿送上门来供您挑选。如此拥护您您还要去羞辱人家,更何况您现在没有任何准备,能把人家怎样啊?"楚王听后茅塞顿开,感慨道:"唉,我这可真是糊涂了,人家一个国家的士大夫怎么可以随意想羞辱就羞辱呢?"于是改用隆重的礼节厚待韩起和叔向。

蓬启疆是个聪明的臣子,他利用楚王所耻来劝其不要随便羞辱他国诸侯使臣。韩起和叔向带着女儿来到楚国,楚王如果把韩起当作看门人,把叔向阉掉,这不仅不足以羞辱晋国以报以前楚王所受耻辱,而且马上会让晋国一批士大夫群起而攻之,那时楚王不仅将大败而归,还会招致更大的耻辱。这么严重的后果,楚王能不三思而后行吗?(《八德须知》)

惠及他人

周朝时候,鲁国有一个叫展禽的人,住在一个名叫柳下的地方。此人在鲁国做官,但因遭陷害被贬了三次,可他仍然效忠鲁国,不肯离去。他的妻子见状感到十分疑惑,说:"真没见过你这样厚脸皮的。我知道君子之耻有两种:国家无道,自己贪图富贵那是羞耻的;国家有道,自己甘于贫贱也是羞耻的。现在正逢乱世的时候,你既然已被贬了三次,可为了贪慕荣华还舍不得离开,这难道不叫做羞耻吗?"展禽听后答道:"一向很老实、安逸的百姓们,现在将要受到他人的陷害,我怎么可以袖手旁观呢?别人是别人,我是我。就算别人把我陷害得体无完肤还能把我怎样呢?"到了展禽死的时候,他的妻子终于看清了展禽生前的德行,于是称赞道:"夫君的谥号应当叫做惠。"展禽的门徒们觉得有理,就用"惠"来做他的谥号,所以后人把展禽叫做柳下惠。

吕坤评价说,君子做事在外容易,在家难,难就难在能让家人理解。而对于妻子而言,理解丈夫在家的心境要比理解他在外的志向要容易。柳下这对夫妻可堪称模范,丈夫一生在外奔波,妻子不知他忙些什么,但了解他的人品。有的人相守一辈子却不知丈夫是什么样的人,而她却做到了。(《八德须知》)

豫让行刺

周朝时候,晋国的智伯与襄子素有怨仇,有个叫豫让的义士,想要替自己的主人智伯报仇,伺机行刺襄子。于是,他把身子漆得脏兮兮的,就像个疯子一样;又吞了木炭把声音弄哑,好让别人认不出他,然后就在街上乞讨,找机会下手。有知悉此事的朋友劝豫让说:"你这么有才华,不如去襄子那里给他做事,襄子肯定会赏识你、亲近你,这样你再寻个机会来下手,不是更容易些吗?"豫让说:"既然跑去给人家做事,又想着要把人家杀了,怀着异心去做事对我来说是不可能的,果真那样就要愧对天下后人了。"后来,有次襄子在外面正好让行乞的豫让逮了个正着,豫让行刺襄子,襄子躲闪及时,没有刺中,豫让无奈只好要来了襄子的衣服,拔出剑来连刺了襄子的衣服三下,解恨之余,刺杀襄子未果的豫让竟伏剑自尽了。

明朝的方孝孺评论,豫让在天下人都憎恨智伯时不去劝主人改过自新,快要国破家亡时才想到要行刺襄子报仇,这不是聪明的臣子的做法。不过尽管如此,豫让也确实称得上是忠义之士了。有这样一些人,他们见风使舵、朝秦暮楚,早上还是仇敌,晚上就认贼作父了,这些不知廉耻的人,在豫让这类人看来简直就是罪人。(《八德须知》)

以贤为荣

周朝时候,宋国鲍苏的妻子非常贤惠,丈夫长年在外,她一个人在家小心翼翼地侍奉她的婆婆。后来,鲍苏在卫国做了官,在那里又另外娶了一个妻子。听到这个消息,她一点也不悲伤,却更加仔细周到地服侍起婆婆来,还顺便叫来往的人代为问候她的丈夫。甚至还送给外妻很丰厚的礼物。周围的人都看不下去,她的妈妈就说:"你丈夫既然另外娶了妻子。你完全可以离开他了。"而她却给妈妈讲起道理,她说:"做妇人的道理就是,既然嫁了一个丈夫,就不可以更改。就算丈夫死了,也不能够再嫁,而是应该天天办好精美的酒饭,来奉养公婆,这样的专一不二才算得上忠贞。善于服从日子才能过得顺,妒忌丈夫所爱的人,那就叫做贪淫,贪淫是妇道里面最可耻的呀。"她没听妈妈的话,一如既往地认真服侍她的婆婆。事情传到宋国的国君那里,他被鲍苏的妻子感动,特地封了她"女宗"的称号。

吕坤说,女人没有美德是可怕的,往往入了宫就开始起嫉妒心,这是妇女常见的德行。鲍苏的妻子非但不妒嫉外妻还对她那么好,相比之下,鲍苏不念她的贤惠,外妻也不记她的好。而她为了一家人的和气甘愿做这一切,这是从来没听说过的,也是妇女们效法的榜样。(《八德须知》)

不孝不义

周朝的时候,鲁国有一个叫秋胡的人,娶了妻子才五天就到陈国去做官了。这一去就是五年,连妻子长的什么模样他都不记得了。在回来的路上,秋胡看见了一个采桑的妇女,长相不俗,美丽动人,他有些动心,就下了车主动和这名女子套近乎,还用金子去引诱她。但这女子不为所动,并不理会他,他只好作罢。等秋胡到了家里,手捧着金子要献给母亲,并叫他的妻子也出来相聚时,他傻眼了,顿时羞愧万分。原来他的妻子不是别人,正是刚才在路上自己调戏过的采桑女。他的妻子见状十分气愤,说:"你把给母亲的金子送给漂亮的女子,这等于是忘记了自己的母亲,忘记了母亲,就是不孝顺;喜欢女色,又说明你动了邪念,这就是品行不正,品行不正,就是不义。你既不孝也不义,嫁给这样的郎君我感到羞愧无比。"话音未落,她就夺门而出投河自杀了。

秋胡的妻子,只是一个平凡的采桑女。可她一番话是何等的铿锵有力、正大光明。她为丈夫的不孝不义感到羞耻以至投河自杀的事成了千古佳话;而胡秋的不孝不义直到今天还一直被人唾弃。

(《八德须知》)

卧薪尝胆

周朝时期,越国的君王叫勾践。在一场战争中,越国被吴国打得落花流水,吴军把越王勾践包围在会稽山上,他叹了口气说:"难道我就这样完了吗?"他手下有个文种大夫对他说:"我看这事未必,凡好事能变坏事,坏事能变好事,兴许这是件好事呢。"越王听了很受启发,在走投无路的情况下忍辱求和。从那以后,越国成为吴国的臣国,并受控于吴国。越王勾践像奴隶一般在吴国宫中服役三年,后来吴王免去了勾践的罪,让他回国去了。勾践回国之后,决心复兴越国,报仇雪耻。为了不忘亡国的痛楚,激励自己的斗志,他在屋中吊了一个猪胆,出来进去、起立坐下、吃饭睡觉时都要尝一尝苦胆的味道;他疲倦了要休息时,不用床铺,不垫被褥,而是把硬柴叠起来睡在上面,以使自己的筋骨感到疼痛。他经常说:"我怎么会忘记那次失败啊。"他用十年来招兵买马、休养生息,经过这样十年的磨炼,再加上各项措施的得力,越王终于等到时机,一举进攻并如愿以偿灭了吴国。(《史记·越王勾践世家》)

赴汤蹈火

周朝的时候,梁国有个妇女叫节姑,有一天,她家的房子失火了,恰巧她的儿子和外甥都在房子里,节姑一心想要从火海里先救出小外甥。可是浓烟滚滚,根本看不清楚,慌乱之中,节姑偏偏抱出了自己的儿子。火势越来越大,不能再进屋去了,可节姑却还要跳进火里把小外甥救出来,邻居们都极力反对拦住她不让她进去。节姑急了,说:"如果这样,我只是把自己的儿子救出来却扔下外甥,这让我有什么脸面去见我的兄弟和周围人呢? 不如我把儿子重新丢进火里去吧,但如果那样,我又将失去做母亲应有的亲情,这样的情形真让我两难其全啊!"说完她毅然跳进火海去救她的外甥,可惜外甥没救到,自己也活活被烧死了。

本来,节姑想先救侄子,可是慌乱之中却误抱出自己的儿子。只救了自己的儿子却让兄弟的儿子被火烧死,节姑为此感到羞耻,担心跳进黄河也说不清。于是出此下策赴汤蹈火去救外甥以表明自己没有私心。这个故事足以让那些只爱自己的骨肉而不顾亲情的人感到羞愧了。(《八德须知》)

万箭穿心

周朝时候,秦国灭了魏国,杀了魏王瑕和许多公子,本来想满门抄斩,但有一个公子一直找不到,于是秦王下了一道命令:"谁要捉拿到这个公子,可以得到二万四千两银子;谁敢藏匿这个公子,杀他全家亲戚朋友。"原来这个逃亡公子一直跟随着一个很有气节的乳母。许多魏国原来的臣子都劝这个乳母把公子献给秦国,乳母说:"见了利就忘了君主,这就是叛逆;贪生怕死而放弃义气,这就是叛乱。为了自己的利益而叛逆、叛乱,这是极大的耻辱。如果那样,我还能有什么脸面苟且活在这个世上呢?"后来秦国的军队发现了他们,追过来,并争着用箭去射杀他俩。千钧一发之时,乳母用自己的身体遮挡公子,身上中了几十支箭,最终寡不敌众,和公子一起死于乱箭之下。

这个有气节的乳母,知道叛乱的可耻,不去贪图秦国的重赏,不怕残酷的刑罚,只把保全公子的性命作为使命。相反,魏国的那些旧臣子们恬不知耻,听了乳母所讲的道理,不但不从中觉醒,反而劝她把公子献给秦国,两相对比,他们的道德反差是多么明显啊!(《列女传》)

中篇故事

机智救国

春秋时郑国有个商人名叫弦高,以贩牛为业。虽是个贩牛郎,却有忠君爱国之心,深明排忧解难的韬略,只是一心经商,又无人引荐参政,不得已屈居市井之中。

公元前627年的一天,弦高赶了数百头肥牛打算卖到滑国。走到黎阳津附近遇到了一处老朋友,名叫赛他,刚从秦国来。故友相逢,喜出望外,弦高约请赛他饮酒。席间弦高随意问道:"最近秦国有什么战事吗?"赛他很惊讶,反问道:"你还不知道吗?我劝你赶快带家属逃离郑国吧。"弦高忙追问:"究竟发生什么事了?"赛他说:"秦国让妃子、逢孙、杨孙三将各领本部人马在郑国驻军,里应外合要灭掉郑国。秦穆公已任命孟明视为大将,西乞术、白乙丙为副将,挑选精兵三千、战车三百辆,大队人马已经出发就要偷袭郑国了。"弦高听后大吃一惊,深思片刻悄声对赛他说:"我父母之邦就要遇到战乱的灾难,我不知道就罢了,现在听说了而不设法救助反而逃跑,万一家族父老兄弟沦亡了,我日后有什么脸面回故乡呢?"

于是,弦高匆匆别过老友。一方面派人骑快马日夜兼程回国去报告郑伯早作准备,尽快排除内患;另一方面打着犒劳秦军的旗号,选了十二头肥牛,买了许多劳军物品,弦高扮作郑国使者,乘坐彩色轿车,一路迎着秦军而来。走到了滑国属地延津的地方,正好遇见秦军的先锋部队。弦高拦路喊道:"郑国使臣特来犒劳贵军,弦高求见主将!"前哨探马飞报中军。秦国大将孟明视十分警觉,忙唤副将西乞术、白乙丙商议说:"郑国是不是已经知道我军将要偷袭他们的行动了?不然怎么会这么快就派使臣来迎接我们?"西乞术说:"把他杀掉算了。"白乙丙则说:"暂且看他来意如何,再杀不迟。"于是,主将孟明视与弦高相见。弦高假传郑穆公的旨意说:"我主公听说三位将军要率兵到我郑国,特遣我送来劳军礼品和肥牛十二头,远道赶来慰问贵军将士。我郑国周旋于大国之间屡遭侵扰,因此,一直担心边远地区的戍守,恐怕一时松懈或有什么意想不到的事情得罪贵国。所以,日夜警备,不敢安睡。只盼三位将军视察!"秦军主将孟明视问道:

"既然郑穆公派你来犒劳我军,为什么没有国书?"弦高答道:"我主公听说将军行军很快,担心等言辞修好了,有失远迎之礼,便口授命令速来迎接。不过就是犒赏贵军将士吃些牛肉、喝些美酒,没有别的意思。"孟明视附在弦高的耳边说道:"秦穆公派我领兵到来为的滑国的事情。"随即下令:"兵马驻扎在延津!宰牛摆宴,犒赏三军。"

副将西乞术、白乙丙问孟明视道:"我军停驻延津有何企图?"孟明视说:"我军千里跋涉只为出其不意、攻其无备地偷袭取胜,如今郑国已知我军行动,他们有充分的时间来防备,若冒然攻打他们则城池坚固难以击破;若围困他们则兵少,又没有后继增援。现在滑国没有准备,不如借机先偷袭滑国,掳获些财物也可以回报我们主公。"

与此同时,郑穆公接到弦高密报后,立刻派人查探秦国在郑国驻军的将领妃子、逢孙、杨孙的行动,果然发现他们已经收拾战车、厉兵秣马、整顿器械,士卒穿戴齐整,个个精神抖擞,只等孟明视领兵到来,从城里策应打开城门,夺取郑国都城。郑穆公知悉后大惊失色,急忙派老大夫烛武去见妃子、逢孙、杨孙,赠送些礼品,然后对他们说:"你们长期滞留我国,连供给都不足,如今听说你们戒备森严,已有撤离此地的意思了。孟明视将军现正驻扎在滑国边界,为什么不去追随他们呢?"

秦将妃子听烛武一番话很是意外,无言可答,暗想:我们的谋划看起来已泄露了,这样冒然行动不但出师无功,反落得一身罪责。到时不但郑国不能久留,秦国也不能回去了。于是他用和缓的话答谢烛武,当天就领了数十个亲随心腹投奔齐国去了。逢孙、杨孙也相继投奔宋国而躲避罪责。

一场危机终于化解。事后,郑穆公召见弦高,亲自迎接为他贺功,记下他为国为民的功劳,拜他做了御前军尉。(《东周列国志》)

知恩图报

秦穆公外出王宫,不小心丢失了自己心爱的骏马,便亲自出去找。看见有人已经把自己的马杀掉了,正在一起吃肉。穆公强忍悲痛对他们说:"这是我的马呀"。这些人一听万分惊恐地站起来。秦穆公见状说:"我听说吃骏马的肉但不喝酒的人是要被杀的。"于是吩咐人给他们买酒喝。杀马的人听了这话实在坐不住了,都惭愧地走了。

过了三年,晋国开始攻打秦穆公,把秦穆公围困住了。以前那些杀马吃肉的人听说秦穆公被困的消息又聚焦在一起商议道:"上次我们偷了秦穆公的马还把它杀了吃肉,他非但没怪罪我们还给我们酒喝,现在我们到了以死报答穆公恩德的时候了。"于是他们几个人奋不顾身冲散了包围,穆公终于幸免于难,并打败晋国,还把晋惠公抓了回来。(《说苑·复恩》)

晏子拒坐

春秋时期齐国的名臣晏婴,事灵公、庄公、景公三朝,执政五十余年,位高权重,地位显赫。可在生活上,他却始终保持着俭朴之风,一直乘坐一辆旧车。

有一次上朝,齐景公看见晏婴乘坐的旧车后说:"是不是我给你的俸禄太少了,不然的话为什么你的车子这样破旧?"晏婴回答说:"我的车子虽是破旧了一些,马也瘦弱了一些,但还是能用的。"景公于心不忍,便让人给他送去了一辆气派的新车和数匹壮马,晏婴没有收。景公又让人连续送了三次,晏婴仍然拒收。景公有些不高兴地说:"你不接受我送的车,我以后也不坐车了。"晏婴说:"我身为您的大臣,要求满朝文武厉行节俭,以减轻百姓负担。您让我坐这么好的车子招摇过市,如果其他人也学我的样子,上行下效,我也说服不了别人,奢侈之风也就无法禁止了。"晏婴一席话,说得景公连连点头称是。(《晏子春秋》)

二桃杀三士

春秋时,齐国大臣公孙捷、田开、古冶子三人结帮拉派,号称齐国"三杰"。他们对上不把齐景公放在眼里,对下看不起其他大臣。时常找借口征收粮款、损公肥私。齐景公觉得他们敢与龙虎博斗、又有救命之恩,就采取了姑息养奸的态度,其结果是这"三杰"不断危害国家、祸害人民。

当时任宰相的晏婴,时时为齐国利益担忧。他曾劝说国王除掉这三人,国王不肯。晏婴心中闷闷不乐,信步走进宫廷桃园,散闷解愁。桃园里就只有一棵桃树,此时正是果实成熟季节,只见树顶上和树枝结满果实,美不胜收。他知道此桃名叫蟠桃,是世间珍品,人吃了能延年益寿,长生不老。别说大臣没见过、没吃过,就是一国之君也没听说谁吃过蟠桃的。晏婴欣赏完蟠桃似有所感悟,面带喜色,走出了桃园。

鲁国的鲁昭公,一直想与齐国发展友好睦邻关系,为此,鲁昭公亲自带领大臣,出访齐国。齐景公设宴招待鲁国的国君和宰相,晏婴也出席了宴会。公孙捷、田开、古冶子各带宝剑守卫在景公身边。大家饮酒到半酣时,晏婴向国王齐景公报告说:"桃园里金桃已经长熟,可摘几个来吃,让二位国王长寿。"齐景公同意,便派管理桃园的官员前往摘桃献上。晏婴又说:"金桃为难得之物,我应亲自前去指挥摘桃。"晏婴取过桃园钥匙前往摘桃。

不多时,晏婴领着桃园的官员回来,手捧雕着桃花的瓷盘,盘中盛着六枚桃子,桃大如碗,颜色如霞光,香味扑鼻,不愧为果中珍品。于是取了两颗桃子,献给鲁昭公和齐景公。晏婴祝贺说:"此桃大如碗,乃世上稀有之物。两国国君吃了,千秋同寿!"鲁国国王吃罢桃,夸奖桃甜如蜜,味香如桂,真是世上珍品。齐景公吃罢桃说:"宰相叔孙是有才能的人,名气大,四方皆知,也应吃桃一枚。"鲁国宰相推辞说:"我不如齐相晏婴。他治国有方,各国国王皆佩服,其功更大,此桃应让晏相国食之。"齐景公说:"干脆,你们俩一人吃一个。"

盘中金桃剩下最后两枚。晏婴报告齐景公说:"盘中只剩二桃,主公可传令诸大臣让他们说出自己的功劳,功劳大的就应当赏吃金桃,以表彰他的功绩。"齐景公认为这个建议好,就召集大臣到宴会厅。这时,公孙捷挺身而出,站在两国王面前说:"有一次和国王出去打猎,一只猛虎威胁国王,我奋不顾身,打死猛虎,功劳如何?"晏婴说:"你功劳大,可赐酒一杯、桃一个。"古冶子又说:"杀虎不足为奇,我那次在黄河斩一只毒鼋,保护了国王,这是盖世之功,饮酒吃桃理所应当。"晏婴急忙赐酒送桃,只见田开撩着衣服大步走到国王面前说:"我曾奉命伐徐,斩其名将,俘虏徐军官兵五百余人,徐君害怕,要求停战,并尊称我国王为盟主,此功可食桃吗?"晏婴说:"你是开国功臣,比前面二将功大十倍,无奈没有桃子,先饮酒一杯,明年再吃桃。"齐景公也说:"你的功劳最大,可惜说晚了,不能因为没桃就不承认你的功勋。"

田开心中很难过。他拔出宝剑,说:"斩鼋打虎都是小事一桩,我跋涉千里,血战到底,反不能吃桃,让我在两个国王面前丢丑,让后代人耻笑我。我还有什么脸面活在世上。"说罢拔剑自刎而死。公孙捷大惊,忙说:"我功小而吃桃,田君功大不能吃桃。我拿着桃不让人吃,是不知廉耻,活着又有何益!"说罢亦自尽了。这时,古冶子在宴席前大叫:"我三人情同骨肉,拜为兄弟,誓同生死。如今他二人已死,我活着于心不安。"说罢也就地自杀了。这时,晏婴解释说:"这三个人虽有功劳但不值一提,他们三人结帮拉派,招兵买马,准备夺国君大权,死是罪有应得。"这时,齐景公、鲁昭公才明白晏婴的用意。
(《晏子春秋》)

举贤无私

春秋时期,晋国大夫祁奚年岁大了,晋悼公问祁奚:"谁能接替你的职位呢?"祁奚回答说:"解狐可以。"晋悼公很惊讶地问道:"他不是你的仇人吗?"祁奚回答说:"你问的是谁能接替我的职位,不是问谁是我的仇人。"晋悼公随即起用了解狐。

后来晋悼公又问:"谁可以胜任中军尉呢?"祁奚回答说:"祁午可以。"晋悼公说:"祁午不是你的儿子吗?"祁奚答道:"你问的是谁可以胜任中军尉,并不是问谁是我的儿子。"

于是正直的人们都称赞祁奚能推荐贤才。推荐自己的仇人并不是向仇人讨好;举荐自己的儿子并不是结党营私。你看,祁老先生公正无私的荐贤风范多么令人叹服啊。

祁奚以公而无私赢得了朝野内外的赞誉,他的言行也随之成为衡量是非曲直的标准。"变盈之难"后,范宣子因羊舌虎的缘故囚禁了叔向,叔向希望祁奚能为他主持公道。他说:"祁大夫外举不弃仇,内举不失亲,不会对我的事不管的。"祁奚听说后,请求范宣子赦免叔向。他对范宣子说,叔向惠而有谋是国家栋梁之才,因为他弟弟的缘故而杀他,是弃国家社稷于不顾。这样做是非常愚蠢的。范宣子听了祁奚的话,果然免了叔向死罪。祁奚所为皆出自公心,所以事后他"不见叔向而归"。叔向也明白祁奚为了国家,并非偏爱自己,故不谢祁奚而还。可见,叔向对祁奚也是十分了解的。

正因为他有这种品德,他推举的人也和他一样德才兼备。在先秦时期,公而忘私仍然属于较高层次的道德范畴,祁奚能做到唯贤是举,一定程度上也代表了劳动人民的利益和愿望,所以才受到人们的怀念。(《诗经》)

窃符救赵

魏国的无忌,为人正直无私,常救人于危难。公元前258年,秦国派军队攻打赵国,围攻都城邯郸。赵国的国王非常着急,就请魏国和楚国出兵救援。这两个国家的救援军队才走到城下,秦国国王知道了马上发话:"我攻打赵国只要一天的时间就能完成,哪个国家胆敢出兵救赵国,我就先攻打他!"魏国和楚国的国王都害怕秦国,一听这话,军队就不敢前进了。

赵国派人去请魏国和楚国的军队前往邯郸抗击秦国军队,但两国的将领都说:"国王有令,暂时不能出兵抗击秦国。"于是赵国平原君夫人给魏国信陵君无忌写信求救。可是信陵君魏无忌没兵权,只好率领自己收养的门客千余人准备奔赴赵国,抗击秦国的侵略。走到城门附近,他下车与守门将领侯嬴告别。侯嬴说:"你知道邯郸的情况,自己努力干吧,我岁数大了,不能陪你一起去攻打秦国,请原谅!"信陵君看了侯嬴一眼,没说话就离开了自己的都城。

他走了有十几里路,边走边想自己平时和侯嬴那么好,今天自己率兵抵抗秦国军队,他连一点意见都不讲,也不阻挡我出城,真是怪事。于是命令军队停止前进,返回城门,再见侯嬴。侯嬴见到信陵君,笑着说:"我知道你会回来的。"信陵君问:"为什么呢?"他回答:"你与强大的秦国打,好像用肉打老虎,结果是个什么样子呢?"信陵君说:"靠我们这一点人是打不退秦军的,但是我不去赵军更难取胜呀。先生有什么好办法,请指点一下吧?"侯嬴说:"我只能和你一人说。"于是,信陵君让身边的战士暂时离开。侯嬴说:"如姬是魏王最宠爱的女人。调兵的兵符就放在魏王的卧室里,只有如姬能偷得出来。你曾为如姬报过杀父之仇,只要你开口请如姬帮忙,就可偷出兵符。

有了能指挥军队的兵符,驻邯郸军队的大权就由你掌管,还怕打不退秦军吗?"信陵君说:"邯郸驻军首领晋鄙要是不交兵权呢?"侯嬴说:"先劝导他,若还是不交权,甚至怀疑这里边有文章,就把他干掉。"

信陵君感谢侯嬴指点,快速前往宫廷找到如姬,说明了来意。如姬说:"你冒着生命危险去攻打秦国,秦军撤离了赵国,对魏国也没有威胁了,不仅为赵国立大功,也为我们魏国立了功。这样的事,就是将来让我死,我也要把兵符拿来交给你。"

晚上,如姬偷偷拿出兵符交给了信陵君。信陵君得到兵符,率领军队来到城门,向侯嬴告别。侯嬴说:"我年纪大了,不能陪你前往救赵,我的灵魂可以陪伴你。"说罢拔剑自杀了。信陵君悲痛万分,率人往北而去。

到了汤阴,晋鄙听说信陵君来了亲自迎接。信陵君说明了来意,并拿出兵符。信陵君向众将军大声说:"魏王有命令,让我指挥军队救赵。"军心大振,随信陵君前往抵抗秦军。赵国在楚国和魏国军队支持下打败了秦国军队,解救了邯郸的危急。

战争胜利后,信陵君不敢返回魏国就在赵国住下了。过了很久,魏国国王明白了信陵君偷兵符率兵抗秦救赵的用心,便派人接回了信陵君,并将他的官职提升了一级。(《史记》)

毁菜拒鱼

春秋时期,有位名叫公仪休的博士,因为德才兼备被选为鲁国的宰相。公仪休担任鲁相以后,规定鲁国一切做官的人,不得经营产业、与民争利,他认为,做官的人,是在大的方面已经得到利益了,民众力农、务工、做生意,是取得一些小利,受大者不得再取小,因此,做官的人是不能兼做生意的。公仪休自己首先身体力行。他自家园子里长的冬葵菜,很好吃,可他硬是把这些冬葵菜全拔掉了;他妻子织布自己用,他不问青红皂白就把织布机烧了,还叫妻子回了娘家。他说:"如果我们做官的人家都经营产业,那农工妇女生产的东西卖给谁呢?"

公仪休喜欢吃鱼是出了名的。于是,想讨好他的人就送鱼给他吃,而他拒不接受。送鱼的人很疑惑,问道:"听说你喜欢吃鱼,为什么不肯接受我送的鱼呢?"公仪休说:"正因为我喜欢吃鱼,所以更不能接受你的鱼!我现在是宰相,自己买得起鱼,随时可以买来吃,但是如果有一天我因为接受了你送的鱼而被免去宰相之职,那我从此就没钱买得起鱼了,你难道还会再给我送鱼吗?这样一来,我还能再吃得到鱼吗?这下你知道我为何不能接受你的鱼了吧。"(《史记·循吏列传》)

曹商舔痔

战国时期,宋国人曹商出使秦国,去协调和处理两国大事。出国时,宋王差人给他几乘车马以代步。他去了秦国,讨得秦王的欢心。回国时,秦王送给他百乘车马。曹商见到庄子时,得意地说:"想当年,我住在贫民窟,以给人制作鞋子糊口,面黄肌瘦,那是我的艰难日子啊。而今,我受秦王所赐成为拥有车马百乘的富贵之人,这是我的能干带给我的福气啊!"庄子看着他那得意忘形的丑态,报以辛辣的讽刺:"我听说秦王得了怪病,正在招聘天下名医,并且论功行赏:吸脓吃疮的,给车马一乘;舌舔痔疮的,给车马五乘。依此类推,治的病越肮脏,得的车马越多。我在想,你该为秦王舔吃了多少痔疮啊!不然,你怎么会得秦王那么多的车马?!真恶心,你快给我滚吧!"(《庄子·列御寇》)

中篇故事

舍子保国

公元前266年,赵国的赵惠文王病逝,其子丹继承王位,称赵孝成王。孝成王年幼无知,不懂治理国事。国内大臣不理朝政,四分五裂,上下矛盾重重。秦国趁机出兵攻打赵国,很快就占领了赵国的三座城。

赵太后很着急,赶紧派人向近邻齐国求救。齐国答应了赵国的要求,但提出一个条件:只有让赵孝成王的弟弟长安君到齐国当人质,齐国才可出兵相助。可是,长安君是赵太后最宠爱的儿子,赵太后怎么也舍不得,于是,拒绝了齐国的要求。

秦国攻赵不断取得胜利,眼看就逼近国都。赵太后与大臣们如同热锅上的蚂蚁,坐立不安,无计可施。大家惟一的办法就是劝说赵太后,请她以国家的利益为重,让长安君赴齐国以解赵国燃眉之急。可无论怎么劝说,赵太后就是不同意。触龙是赵国的重臣,眼看国家危在旦夕,他想,自己必须想尽一切办法劝赵太后为了国家舍掉儿子。他拖着有重病的腿求见赵太后。

触龙说:"老臣面前有一个小儿子,名字叫舒,他不学无术,没大本事,可老臣总是偏爱他。恕老臣冒昧,请太后给他一个机会,让他当一名宫廷的保卫,不知太后意下如何?"

太后问:"你儿子几岁?"

触龙答:"今年15岁。虽然年龄小点,但他比较听话。如果能把他托付给太后,老臣死也瞑目了!"

太后愣了一下,说:"你们男子汉也疼爱自己的儿子吗?"

触龙答道:"对儿子不但爱,还爱得很深,恐怕妇女还比不上呢!"

太后说:"不见得吧?"

触龙答:"怎么不对呢?就拿太后来说,恐怕你爱女儿超过爱儿子长安君吧?"

太后听罢,很不以为然地说:"你错了,我疼爱儿子长安君胜过女儿。长安君从小乖巧伶俐,我一直把他当心肝宝贝对待。女儿出嫁走了也就算了,可长安君我一天也离不了。"

触龙说:"我看不一定。我认为父母对孩子要是真爱总是要为他的长远利益着想,给他开辟一条好路让他走。你女儿出嫁,我记得你心情很难受,不想让她走,直到上了车你还抓着女儿不停地流眼泪。她虽然到燕国做国君的妻子,但你还是时常想念在心,每逢祭祀日总为她祷告,祝她子子孙孙做燕国的首领,难道你为女儿想的还不远吗?"

太后说:"你说得对。做父母的人都希望子女日子过得好,过得舒心,父母就不必为他们操心了。"

触龙接着说:"赵国从建国至今已有200多年的历史。请太后想一想,除了最近这三代人,过去赵家子孙谁能把爵位继承到今天?"

太后想了想说:"没有这样的人了。"

触龙又问:"别的国家呢?"

太后说:"我也没听说过,这是为什么?"

触龙说:"老臣一直在思考、琢磨这个问题。许多例子证明,他们继承的只是父辈的爵位,而不是父辈的才智,因此对国家不会做出大贡献,更没有舍生忘死、为国为民的精神。这样的子孙后代,虽然继承了爵位,但容易被强国并吞,爵位怎能长久呢?这样的事例邻国有,咱赵国也有。比如,太后一直希望长安君权势大,可他没有出去拼搏的机会,没有去为国建立功勋的作为,即使他当了国君,脚跟也站不稳呀!我认为,太后只为长安君的眼前考虑,所以说,太后为女儿想得更远些。"

触龙一席话让太后猛醒过来,忙说:"你的话有道理,我确实没为长安君从长远去着想。现在想明白了,长安君的去留请先生做主。"

第二天,长安君为了赵国的安危到了齐国,齐国守信立即派兵救援赵国。秦国发现齐国出兵就主动撤了兵,于是赵国因赵太后的舍子为国而转危为安。(《战国策》)

死不忘国

楚国楚庄王时期,大臣谋反,杀了重臣司马。司马的儿子孙叔敖扶着母亲逃到梦泽避难,以种田为生。楚庄王平定判乱后,司马之位空缺,大臣们认为孙叔敖清廉、有才能,可以继承其父官位。

于是,楚庄王下诏书到梦泽,要孙叔敖继承父位。孙叔敖遵旨扶着母亲返回郢都。楚庄王接见孙叔敖,二人谈话很投机,谈了一天还舍不得散。楚庄王说:"楚国大臣,没有人能和你的智慧、才能相比的,你继承父位是再好不过的了。"孙叔敖说:"臣是农村种田人出身,对国无功,骤然执掌大权,恐怕很难令人信服,不如把我放在各位大臣后边,做个小官。"

楚庄王说:"各位大臣推荐你,我也了解你,你就不必推辞了。"孙叔敖再三推辞,楚庄王不允,他只好前往上任。

孙叔敖上任后,根据楚国的实际情况大胆进行政治改革,完善法律建设,依法治国。他大兴水利,灌溉良田万顷。没几年,楚国的生产发展、经济繁荣、人民幸福。孙叔敖受到国王和大臣的交口称赞。因为民富国强,楚国被列为当时"五霸"之一。

由于长期劳累过度,孙叔敖病倒了。他在病床上嘱咐儿子孙安说:"我写有一封遗书,死后你送给大王。因你才能不如大众,封你做官,你不要接受;因国家需要大量金钱发展农业,给你金钱,也不要接受;若是给你封地,你就只要块贫瘠的地方就好了。这样,就没有人与你争,你就能保子孙后代有饭吃。"说罢,看了看儿子就永远闭上了眼睛。

孙叔敖给楚庄王的遗书中写着:我感激国王把我提拔到宰相的职位,可惜我没立大功,有负君王的重用。臣仅有一个儿子,才能不够,不要安排他的官职。国内的矛盾还很突出,战争时有发生,平息争斗,让战场变成农场,老百姓才能过上好日子。

楚庄王读罢此信,心里很难过,自言自语地说:"叔敖死不忘国,这样的人真是难得。"说罢让大臣备车,前往悼念孙叔敖。

第二天,楚王封孙安为官,孙安不接受。安葬完父亲,就到了寝邱的贫穷乡村,以种田为生。后来,楚庄王听说孙安生活贫寒,就派人把他找来。孙安见楚庄王时穿着破旧的衣服,楚庄王大惊,说:"你贫困到了这种地步呀!"楚庄王立即封他官、给他钱。但孙安牢记父亲临终的教诲,都没有接受。(《列子·说符》)

烹头雪耻

楚国铸剑大师干将莫邪给楚王铸剑,铸了三年才成。当时的楚

王很残暴,容不得下属一丝的错误,怒气冲天,要杀掉他。这时,干将莫邪的妻子怀孕即将临产。铸成的剑有雌雄两把,干将莫邪知道自己必死无疑,决定只带一把雌剑去见楚王。他对妻子说:"我给王铸剑,花

了三年工夫才铸成,王发怒了,我去送剑,他一定会杀了我。你生下孩子,如果是个男孩,等他长大成人,告诉他:'出门朝南山望,有一块石头上长着松树,剑就在松树背上。'"然后,干将莫邪就带着雌剑去见楚王。楚王见干将莫邪不仅三年才完工,而且只带了一把剑来,更加暴怒,就把干将莫邪杀了。

干将莫邪的儿子出生了,取名叫赤。赤长大后问母亲:"我的父亲在什么地方?"他的母亲说:"你父亲给楚王铸剑,花了三年才铸成,楚王发怒,杀了他。他临离家时嘱咐我:'告诉你的儿子,出门朝南山望,有一块石头上长着松树,剑就在松树背上。'"赤出门朝南望,并没有看到有山,但发现堂前的松木立柱矗立在一块石头柱础上。聪明的赤用斧头砍开松木立柱的背面,拿到了那把雄剑,从此日夜想着替父报仇。

与此同时,一生干尽坏事的楚王做了个噩梦,梦见一个器宇轩昂、宽大额头的年轻人,口中念叨着要替父报仇。楚王吓得要死,就悬赏千金,要捉拿梦中看到的杀手。赤听到这个消息,逃进山中。他知道在这种情况下无法替父报仇,非常绝望,悲戚地边走边唱。一个侠客遇见赤,对赤说:"你小小年纪,为何哭得如此悲伤?"赤回答:"我是干将莫邪的儿子,楚王杀死了我的父亲,我想给他报仇。"侠客说:"我也听说楚王悬赏千金要得到你的头。把你的头和剑拿来,我来替你报仇。"赤说:"好极了!"立即自刎,割下头,两手捧着头和剑递给侠客。赤已经没有头颅,但身躯依然直立不倒,直到侠客说:"我绝不会辜负你。"赤的身躯才倒地。

侠客拿着赤的头颅去见楚王,楚王乐坏了。侠客说:"这是勇士的头,应当放进滚烫的锅里把它煮烂。"楚王照办,但煮了三日三夜也没煮烂。赤的头颅还从开水中跳出来,横眉怒目。楚王很着急,侠客说:"这小子的头煮不烂,希望大王亲自去锅旁边看看,这样头就一定会煮烂。"楚王不知是计,就到锅旁伸头去看。侠客挥剑对准楚王的头一劈,楚王的头随即掉入开水中。侠客看到楚王已死,也挥剑砍向自己的头颅,侠客的头也掉进锅里。三个头一起煮烂了,不能区分彼此,人们只好把三个人头一起埋葬,他们的墓地被统称"三王墓"。
(《搜神记》)

负荆请罪

廉颇和蔺相如是赵国的文武强将,有他们二人的团结一致、同心协力,才有了赵国人民生活的安定、生产的发展。

当时,秦国总以强大的地位欺压小国。公元前279年,秦昭王派使臣到赵国,说希望在渑池和赵王做一次友好的会见。赵王怕秦国,不敢去会面。廉颇和蔺相如对赵王说:"若大王不去,秦国就说你胆小怕他。"赵王不得已就去了。

渑池相会,秦王备有丰盛的酒宴。在宴会上,秦王略带醉意地说:"听说赵王擅长音乐,何不在宴会上弹一首曲子为大家助兴呢?"说罢,仆人送来了瑟,赵王只好弹了一曲。赵王弹罢,相如走到秦王面前说:"赵王深知秦王擅长唱歌,我送上打击乐器,供你敲打、歌唱。两王一弹一唱互相酬答,堪称友好和睦呀。"秦王不肯,于是相如跪地,双手捧上打击乐器请秦王唱歌。秦王坚决拒绝,相如既婉转又严厉地说:"咱俩相隔几步远,你要不唱,难道想让我颈上的血洒到大王身上吗?"无奈,秦王迫于相如的压力勉强在乐器上敲了一下,就这样相如为赵王挽回了尊严。

过了一会,秦国一位大臣站起来说:"请赵王送十五座城给秦国作为会晤的礼品吧!"相如随机说:"秦国的咸阳很好,把咸阳送给赵国作礼品也不错。"秦王从相如身上看出了赵国的强硬。

于是,赵王安全回到赵国。他认为在渑池会上相如立了大功,就封他为上卿,位次排在了廉颇将军前面,这下引起廉颇的不满。他说:"我堂堂赵国将帅为赵国立下了汗马功劳,相如靠能说会道官居我之上,我感到非常耻辱。"并说,若以后再见到相如,一定让他难堪。

这些话传到相如耳里,相如就开始有意回避廉颇,不跟他见面。久而久之,相如手下的人都认为相如软弱,想离开他。相如知道后,语重心长地说:"秦王那么强硬,我在渑池会上敢当面呵斥他。我虽然没什么本事,也不至于惧怕廉将军。我是从大局出发,才不和他斗气。如果我们两个人不团结、闹矛盾,秦国就有机会出兵攻打赵国。"

相如的手下点头称是,认为相如胸怀宽阔,比廉颇将军看问题全面。这话传到廉颇耳朵里,他经过认真反思,感到惭愧。于是他解开衣服,背着荆树条,通过朋友的转达,特意到相如家请罪。

廉颇见了相如说:"我是一个粗野之人,你宽宏大量,我佩服你,请你批评我、杖打我。"相如说:"廉将军是赵国功臣,我时时都在学你的长处。咱们二人团结友爱,生死与共,赵国就能长治久安啊。"(《史记·廉颇蔺相如列传》)

鲁母纺纱

鲁国文伯的母亲年纪很大了,还自己纺纱。文伯对母亲说:"像我们这样显赫的家庭,主人还需要亲自纺纱吗?"鲁文伯的母亲听后叹息道:"难道鲁国要完蛋了吗？这样浅显的道理居然连你也想不明白,你是负责国家教育的官员呀！过来,我告诉你。民众只有勤于劳作的时候才勤于思想,会思想他就会生出善良的念头。太安逸就会放纵自己,一放纵自己就会产生邪恶的欲念。土地肥沃地方的老百姓由于生存容易就缺乏创造力,贪图享乐。而贫困地方的百姓则团结、互相帮助,比较义气,这是辛勤劳作的结果。因为这样,所以鲁国的王后要亲自织黑色的系带,由公侯的夫人编花边,再由卿大夫的太太合成一条宽带,由官员的老婆们缝成祭祀的服饰,小吏们的妻子会加工成朝服……说到底,要穿衣服就得自己的女人做,穿着这样的衣服去祭祀,就是向神灵交代自己的功劳,这也算是男耕女织古制的一种延续吧。我在内心里早晚都告诫自己:不要丢掉先人的这种传统吧！而今天你却说为什么不安安逸逸的闲着！当然,你的官爵是继承下来的,很轻松容易,但是我怕的是你不能把它传承下去。"(《左传》)

忠心报国

屈原是战国时候的诗人、政治家,名平,是楚国的贵族。伟大的爱国诗人屈原,在顷襄王即位之后,由于不满顷襄王使楚国蒙受耻辱,致使顷襄王大怒,他又一次被放逐了。

有一天,屈原来到江边,披散着头发,且行且歌。出于忧国忧民,痛苦与愤怒折磨得屈原脸色憔悴,和往日判若两人。有一位打渔的老翁看见了他,问他说:"您不是三闾大夫吗？怎么来到此地呢？"屈原回答说:"整个天下一片浑浊,只有我是清白的;所有的人都昏醉了,只有我是清醒的。所以我不被浊世所容,就被逐到这里了。"渔翁听罢就劝他说:"有高度修养的圣人,对于事物的看法、态度,并不是固定不变的,而是随着形势的变化不断改变。整个天下都污浊不净,

中篇故事

你为什么不随波逐流呢？为什么还怀抱着美好的品德守身如玉，与世俗相背，而招致被放逐呢？"屈原回答说："我听说刚刚洗过头的人，必定把帽子上的灰尘掸掉才戴；刚刚洗过澡的人，必定把衣服上的尘土清除掉才穿。一个人，怎能以自己洁净的身体去蒙受外界的污垢呢？我宁愿跳进滚滚不息的江河中葬身鱼腹，也决不让自己纯洁高尚的品格受这浑浊的世界污染！"

不久秦国的军队打进了楚国的都城。屈原听到这个消息，既悲伤国家的危亡，也心痛人民的苦难，怀着悲愤的心情，跳入汨罗江自杀殉国。(《史记》)

不以贿免

公元前541年，鲁国执政季武子攻打莒国。当时各国诸侯正聚会于虢，讨论弭兵修好之事。与会的楚国人知道了这消息，便对晋国人说："弭兵之会尚未结束，鲁国便攻打莒国，这是对会盟的亵渎，请将鲁国参加弭兵之会的使臣叔孙豹杀掉。"这时,辅助赵文子的晋国执政乐桓子就派使者求取叔孙豹的衣带。这是当时索贿的暗示手法。叔孙豹拒绝行贿,于是有人对叔孙豹说:"财物是为了保护自身的,你为何这般吝啬?"叔孙豹说:"我来参加诸侯之会,是为了保卫国家,如果我向人贿赂使自己免于一死,那么鲁国仍然会受到各国的攻打,这是给国家招致灾祸,哪还谈得上是保卫国家呢?我虽然恨季武子攻打莒国,但鲁国何罪之有?"晋国执政赵文子听说此事后,对楚国人说:"鲁国虽有罪,但它的使臣叔孙豹不避死难,是难得的忠义之士,赦免了他可以劝勉左右群吏。"就这样,叔孙豹终于幸免于死。(《左传·三三晋楚弭兵》)

二、秦汉故事

胯下之辱

韩信很小的时候就失去了父母,主要靠钓鱼换钱维持生活,经常受一位靠漂洗丝棉老妇人的周济,常食不裹腹,屡屡遭到周围人的歧视和冷遇。一次,一群恶少当众羞辱韩信。其中一个淮阴的屠夫对韩信说:"你虽然长得又高又大,喜欢带刀配剑,其实你胆子小得很。有本事的话,你敢用你的配剑来刺我吗?如果不敢,就从我的裤裆下钻过去。"韩信自知形只影单,硬拼肯定吃亏。于是,当着许多围观人的面,从那个屠夫的裤裆下钻了过去。韩信昔日忍得一时之气,忍得胯下之辱,他宁可受辱、被世俗之人嘲笑,也不为区区无赖而做出不必要的举动。陈胜、吴广起义后,韩信投奔项梁,继随楚霸王项羽,但不受项羽重用。后又投奔汉王刘邦。初始刘邦看不起这个貌不惊人、曾受胯下之辱的韩信，但后来经丞相萧何力荐，才拜韩信为大将，后来被封为淮阴侯，军功第一。若是不忍那一时之气，他恐怕早成了阶下之囚了！(《史记·淮阴侯列传》)

用心良苦

汉朝有个张释之是个管理刑狱的官员，人称张廷尉。他有个好友叫王生，年纪挺大，对道家很有研究，但一直过着隐居生活不肯出去做官。有一次，张释之召集了一帮大臣、公卿聚会，王生被邀其中，他站在张家的门庭中，正巧绑着的袜子散了，王生就故意叫张释之过来说："你替我把散了的袜子系好吧。"张释之毫不避讳，很坦然地跪在地上，替王生把袜子系好了。王生回去后，有人替张释之鸣不平，就问王生："你为什么要在大庭广众之下侮辱张廷尉呢？"王生笑道："我已经很老了，而且生得贫贱，一直没能为张廷尉做点什么，这次我用系袜子的事去羞辱张廷尉，目的却是要让我的桀骜轻狂去换取他的大度美名呀！"后来朝廷的公卿们得知了这回事，大家都称赞王生的良苦用心。同时，张廷尉也越来越受到大家的尊敬了。

先皇曾说："张廷尉做事非常谦逊，对贤士格外恭敬，办起案来按章执法。曾经有个人在桥下惊吓了皇家马车，但张廷尉只对那人做了些罚款而已；又有个人去高庙里偷了玉环，也只是处理了他，并不累及他的家人和族人。这些判法，连皇帝都觉得判得轻了，但张廷尉始终坚持自己的原则不改变。至于跪下来替王生系袜子这样的耻辱他都能忍受，不禁让人想起张良纳履和韩信胯下之辱的典故，这些德行确实不是一般大臣们所能做到的啊！"(《八德须知》)

苏武牧羊

汉代,匈奴人依靠骑兵进攻速度快的优势,多次侵犯中原。汉武帝几次派卫青、霍去病等大将将其击退,匈奴于是派出使节求和。

公元前100年,汉武帝派中郎将苏武前往匈奴,谈判互相关押的双方外交使臣问题。苏武到了匈奴以后遇到了从前投降匈奴的汉人卫律。卫律手下官员虞常对卫律不满,想联合苏武的部下张胜除掉卫律,劫持匈奴首领的母亲逃回中原。然而他们的计划失败了。匈奴的首领非常生气,让卫律去说服苏武投降匈奴。

卫律对其百般利诱,苏武怒目圆睁,看了一眼卫律,说道:"我是汉朝使节,杀你的事我不知道。如果我违背了使命,干出不义的事情,我可以去死。如果我没有差错,匈奴逼迫我我就投降匈奴,那叫忘恩负义,背叛祖国,我要是这样,活着不如死了好。"

卫律知道苏武终究不可胁迫投降,报告了单于。单于越发想要使他投降,就把苏武囚禁起来,放在大地窖里面,不给他喝的吃的。天下雪,苏武卧着嚼雪,同毡毛一起吞下充饥,几天不死。匈奴以为神奇,就把苏武迁移到贝加尔湖地区没有人的地方让他放牧公羊,说等到公羊生了小羊才得归汉。同时把他的部下及其随从人员常惠等分别安置到别的地方。苏武性格坚强,不怕过苦日子。迁移到那里后,粮食运不到,只能掘取野鼠所储藏的野生果实来吃。他拄着汉廷的符节牧羊,睡觉、起来都拿着,以致系在节上的牦牛尾毛全部脱尽。

就这样,苏武在贝加尔湖过了一年又一年,直到公元前85年,匈奴发生了内乱,新的单于又来汉朝求和。汉昭帝派人要求释放苏武,匈奴人谎称苏武已经死了。苏武的部下不甘心,想方设法让汉朝的使节知道了苏武未死的消息。最终在使者的斡旋下,单于将在大漠生活了19年的苏武放回了中原。(《史记》)

乐妻指耻

汉朝有个叫乐羊子的,他妻子为人很有操守。有一次,乐羊子在路上拾到了人家丢失的银子,就把这银子拿回家交给了妻子。妻子说:"我听说古时那些有志气的人,渴了不肯喝盗泉的水,只因为泉的名字不好听;那些有廉耻的人,就算饿死了也不吃别人施舍的食物,只因为别人的态度不能接受。而现在你却要用人家遗失的东西来玷污你自己吗?"乐羊子听了,深感惭愧,就把拾来的银子重新丢到田野去。又有一天,邻舍家的一只鸡不小心走到了乐羊子家的园子里,没想到乐羊子的母亲就把这只鸡抓来杀了,煮给一家人吃。吃饭时,乐羊子妻怎么也不肯吃,还对着这煮熟的鸡哭了起来。婆婆觉得很奇怪,问她为什么哭。乐羊子妻说:"我正在为家里的贫苦而感到悲伤,就是因为家里穷,买不起好酒好菜来供养婆婆,以致婆婆吃了人家的东西。"婆婆听了这样的话,感到很惭愧,就把这只鸡扔掉了。(《八德须知》)

拒绝赦免

汉朝时候,有个叫张磐的人,为人正直,却遭到荆州刺吏度尚的诬害,被关进了大牢。后来廷尉赦免了张磐,但张磐居然一点也不领情,拒绝走出牢狱,他说:"我忠实地守卫边防,保卫国家,却惨遭陷害,事情总是有真有假,国家的法令是来判定是非曲直的。假如我张磐本来就无罪,那我实在不需要廷尉的什么赦免;如果我忍声吞气苟且被赦,虽然免了罪,但我将永远背负曾经有罪的耻辱。所以我请求廷尉叫度尚来,我要和他当面对质,让大家明白这件事的真伪。"廷尉听了觉得有理,就把这番话上奏给皇上,皇上就让度尚跟张磐在廷尉面前对簿公堂。度尚本来心中有愧,无话可说,张磐从而得以昭雪。

张磐一生素以清白著称,当他被诬害又被赦免的时候,其实大家都知道他是无罪的,但他觉得被赦免是一种耻辱,所以牢牢抓住刑具,不肯走出牢狱。他请求诬陷他的人与他当面对质,让大家明白真相,洗刷自己的耻辱,更显示出他正直的品质。(《八德须知》)

桥下取履

汉朝开国元勋的张良,一次,闲逛到下邳的一座桥上,这时,一个穿着粗布衣服的老人来到他身边,一脚把鞋子甩到桥下面。然后回头对张良说:"小子,下去把鞋拿上来。"张良好不愕然,再一想,看着他年老的面子上,给他拿一下吧。强忍着怒火张良下了桥,把鞋子拿了上来。老人又叫道:"帮我把鞋穿上!"张良又跪在地上老半天,帮老人把鞋子穿上。

老人伸出脚,享受张良为其穿鞋的快乐后大笑而去。张良心想,这是什么人啊!?看着老人离去。走了里把路,老人又回来了,对张良说道:"孺子可教矣!五天后天亮在此见面。"张良感到更奇怪了,但还是跪着回答:"好。"

五天后的天亮时分张良去了,那老人果然已在桥上,怒气冲冲地说:"与老人相约,为什么迟到?"丢下一句"五天后早晨再见",老人走了。五天后,张良听到鸡鸣就前往赴约。不曾想,老人又在桥上了。"怎么又来晚了?"老人再次大怒,甩手而去:"五天后还是早上来!"过了五天,张良半夜就跑到桥上等,过了一阵子,老人也到了。这回老人高兴了:"就应当这样嘛。"

老人掏出一卷书,对张良说道:"读了这本书,就有资格成为王者的老师!"

张良后来的足智多谋、运筹帷幄多亏了这次与老人家充满耐心的会面。(《史记》)

忍辱含垢

天汉二年(公元前99年),当时司马迁正全身心投入地撰写《史记》。这年夏天,武帝派自己宠妃李夫人的哥哥、二师将军李广利领兵讨伐匈奴,另派李广的孙子、别将李陵随从李广利押运辎重。李陵带领步卒五千人出居延,孤军深入浚稽山,与单于遭遇。匈奴以八万骑兵围攻李陵。经过八昼夜的战斗,李陵斩杀了一万多匈奴,但由于他得不到主力部队的后援,结果弹尽粮绝,不幸被俘。

李陵兵败的消息传到长安后,武帝本希望他能战死,后听说他却投了降,愤怒万分,满朝文武官员察言观色,趋炎附势,几天前还纷纷称赞李陵的英勇,现在却附和汉武帝,指责李陵的罪过。汉武帝询问太史令司马迁的看法,司马迁一方面安慰武帝,一方面也痛恨那些见风使舵的大臣,尽力为李陵辩护。他认为李陵平时孝顺母亲,对朋友

讲信义,对人谦虚礼让,对士兵有恩信,常常奋不顾身地急国家之所急,有国士的风范。司马迁痛恨那些只知道保全自己和家人的大臣,他们如今见李陵出兵不利,就一味地落井下石,夸大其罪名。他对汉武帝说:"李陵只率领五千步兵,深入匈奴,孤军奋战,杀伤了许多敌人,立下了赫赫功劳。在救兵不至、弹尽粮绝、走投无路的情况下,仍然奋勇杀敌。就是古代名将也不过如此。李陵自己虽陷于失败之中,而他杀伤匈奴之多,也足以显赫于天下了。他之所以不死,而是投降了匈奴,一定是想寻找适当的机会再报答汉室。"

司马迁的意思似乎是二师将军李广利没有尽到他的责任。他的直言触怒了汉武帝,汉武帝认为他是在为李陵辩护,贬低劳师远征、战败而归的汉武帝夫人的哥哥李广利,于是下令将司马迁打入大牢。

司马迁被关进监狱以后,案子落到了当时名声很臭的酷吏杜周手中,杜周严刑审讯他,他忍受了各种肉体和精神上的残酷折磨。面对酷吏,他始终不屈服,也不认罪。司马迁在狱中反复不停地问自己"这是我的罪吗?这是我的罪吗?我一个做臣子的,就不能发表点意见?"不久,有传闻说李陵曾带匈奴兵攻打汉朝。汉武帝信以为真,便草率地处死了李陵的母亲、妻子和儿子。司马迁也因此事被判了宫刑。

据汉朝的刑法,死刑有两种减免办法:一是拿五十万钱赎罪,二是受"腐刑"。司马迁官小家贫,当然拿不出这么多钱赎罪。宫刑既残酷地摧残人体和精神,也极大地侮辱人格。司马迁当然不愿意忍受这样的刑罚,悲痛欲绝的他甚至想到了自杀。可后来他想到,人总有一死,但"死或重于泰山,或轻于鸿毛",死的轻重意义是不同的。他觉得自己如果就这样"伏法而死",就像牛身上少了一根毛,是毫无价值的。他想到了孔子、屈原、左丘明和孙膑等人,想到了他们所受的屈辱以及所取得的骄人成果。司马迁顿时觉得自己浑身充满了力气,他毅然选择了宫刑。面对最残酷的刑罚,他痛苦到了极点,但他此时没有怨恨,也没有害怕。他只有一个信念,那就是一定要活下去,一定要把《史记》写完,正因为还没有完成史记,他才忍辱含垢地活了下来。(《史记·太史公自序》)

辱没乡邻

李陵是西汉名将李广的长孙。长大从军后,善于骑射、爱护士卒,颇有当年其祖父飞将军的遗风。

汉武帝认为李家世代出将才,于是让李陵做了一支拥有八百名骑兵队伍的统领者。李陵极有胆量,曾经率领骑兵队深入匈奴境内二千余里侦察敌情。天子拜他为骑都尉,统领五千丹阳人驻守酒泉、张掖等地以防御匈奴入侵。

天汉二年秋天,李陵奉命配合贰师将军李广利出击匈奴右贤王。李陵的部队作为吸引匈奴军队的一着军棋,被敌方八万人包围,李陵率军连续战斗了八天,刀残箭完,五千人伤亡大半且绝粮。敌军源源而来,救兵却不至,在敌军的围攻招降下,李陵仰天长叹:无面目报陛下之恩!然后投降。此时,他身边已没有一个能站起来的士兵,被打散后逃回汉朝的将士有四百多名。

匈奴单于久仰李家的名声,并亲身经历了与李陵的血战,钦佩之余便把女儿嫁给李陵为妻并封之为贵族。

大汉知道后,杀了李陵的母亲与妻儿。

自此之后,李家的名声彻底败落,陇西一带的男人们深深为自己家乡出了这么个人而深感耻辱,从此言语中不再提及李家。(《史记》)

以德报怨

西汉景帝时,权势显赫的重臣韩安国不慎触犯国法而入狱,蒙县的狱卒田甲动辄欺负他。某日,忍无可忍的韩安国对田甲说:"死灰难说也有重新燃起的一天,请你不要做得太过火了!"田甲很轻蔑地回答:"谁让你这个平时连正眼都不看人的大人物犯在我手里,如今你是鼠我是猫,不玩你我岂不是很无聊,很没面子?如果死灰真有复燃的那一天,老子就撒泡尿浇熄它!"在小人掌握中的韩安国当时也只有摇头叹气的份儿。

不久,韩安国果然被重新起用,出狱复职。听到消息后被吓得半死的田甲只得拔腿逃跑,韩安国放出消息:田甲不回来,我灭他九族!无奈田甲只得回来,脱光了上衣去请罪。韩说:"你现在可以撒尿了,请开始行动吧!"田甲此时磕头如捣蒜。韩笑了,他说:"我怎么能和你一般见识,你这个人怎么这样没骨气的啊!"韩安国不仅饶恕了田甲,后来还一直对他很好。(《史记·韩长儒列传》)

杨震拒金

杨震,东汉人。因其知识广博,当时被称为"关西孔子"。杨震年青的时候喜欢学习。大将军邓骘听说杨震贤明就派人征召他,推举他为秀才,多次升迁,官至荆州刺史、东莱太守。当他赴郡途中,路上经过昌邑,他从前举荐的荆州秀才王密担任昌邑县令,前来拜见杨震,到了夜里,王密怀揣十斤银子来送给杨震。杨震很气愤说:"我了解你,你不了解我,为什么呢?"王密说:"夜里没有人知道。"杨震说:"谁说的,上天知道、神明知道、我知道、你知道,怎么说没有人知道呢!"王密拿着银子羞愧地出去了。后世把拒收贿金称"四知金"。后来杨震调动到涿郡任太守。他本性公正廉洁,不肯接受私下的拜见。他的子子孙孙常吃蔬菜,步行出门,他的老朋友中有年长的人想要让他为子孙开办一些产业,杨震不答应,说:"让后代被称作清官的子孙,把这个馈赠给他们,不也很优厚吗?"(《后汉书》卷五四)

舍妻弃子

东汉建武八年,孔奋被赐爵位为关内侯。当时天下纷扰混乱,唯有河西地区较安定,姑臧被人们称为富县。这里与羌胡通商贸易,每天有四次集市。每一任县官,没有几个月便都富裕起来。孔奋任职四年,财产却一点没有增加。他侍奉母亲非常孝敬谨慎,虽然自己生活俭朴,却极力以美食孝敬母亲,而自己则和妻子儿女一同以普通饭菜为食。当时全国仍未安定,士大夫都不注重操守,而孔奋却尽力以清廉行事。因此被众人所笑,有的人说他身处富庶地区,不能使自己富裕起来,只是徒然自讨苦吃。孔奋注重节操,施政以仁义平和为本,太守梁统对他深为敬重,不以官属的礼节对待他,常到大门口迎接他,并领入内室引见给自己的母亲。

陇西和蜀地被平定后,河西地区的太守、县令都被征召入京,官员的财物连车满载,塞满了山川。只有孔奋没有资财,乘一辆空车上路。姑臧的官员百姓以及羌胡都说:"孔君清廉仁义贤惠,全县都蒙受他的恩惠,他如今离去,我们为什么不报答他的恩德!"于是共同凑集了成千上万的牛马器物,追了数百里送给孔奋。孔奋只是拜谢而已,一点都不接受。

孔奋抵达京城后,授职为武都郡丞。当时陇西残余的贼人魄茂等人在深夜攻击官府残杀了郡太守。贼人害怕孔奋穷追不舍,于是抓住他的妻子儿女,企图作为人质。孔奋当时年已五十,只有一个儿子,但他一心为国,毫不被贼人所动,仍尽力征讨。官员、百姓被他的精神所感动,都拼力与贼人作战。郡中居住的许多人熟悉山川道路,大首领齐钟留深得孔奋信赖,孔奋便率领督励齐钟留等人,命他们在要道阻击抄掠贼兵,与官军互相呼应、里应外合。贼人窘迫惶恐,被逼急了,于是把孔奋的妻子儿女推到阵前希望孔奋退兵,而孔奋却进攻得更加急迫,终于擒获消灭了魄茂等人,但他的妻子和子女却被贼人所杀。光武帝困此而下诏褒扬赞赏了孔奋,拜他为武都太守。

孔奋在任府丞时就已深受官民敬重,他担任太守后,全郡的人都以他为榜样,修行操守。孔奋施政清明有决断,甄别和表扬善行,痛疾错误行为。见到人有美德,爱之如同亲人;对不良行为,则疾恶如仇,郡中的人都称他清廉公平。(《后汉书》卷六一)

王烈遗布

东汉时候,有一个叫王烈的,表字叫彦方。有一回,他的一个乡亲偷了人家的牛,被牛主人捉到了。那个偷牛的人央告牛主人道:"我偷了你的牛,现在怎样受你的刑罚我都是心甘情愿的。可是请求你千万不要给王彦方知道了。"但最终王烈还是听到了这回事,他就派了一个人给那偷牛的人送了一匹布。大家都不知道王烈为什么这样做。有人问王烈,王烈道:"那偷牛的人已经晓得他的过失,他怕我知道他有偷盗行为,这说明他还是有羞耻之心的。既然对于恶事有了羞耻之心,那肯定会有所改正。我之所以用了这个法子,就是要用这匹布奖励和鼓舞他啊!"果然,后来发生的一件事证实了王烈所说的是正确的:有个人把一柄宝剑遗失在路上,恰好被那偷牛的人捡到了,他就一直守在路边等待失主,直到失主来了,那个偷牛的人才把宝剑交给他离去了。(《史记》)

瘦羊博士

东汉时候,有个人叫甄宇,在光武皇帝建武年间做翰林院的博士。那时有个惯例:每逢冬天寒冷的时候,皇帝会下诏赏赐五经博士们每人一头全羊吃。尽管每人一头,可是羊有大小肥瘦的不同。因此每到分羊时,许多博士们也顾不上平日的斯文了,大家一窝蜂上去,都争夺那些大的、肥的羊,有时有些人还会为同时选中一只羊而闹得不可开交。甚至有一回,由于闹得特别厉害,于要就提议把羊先全部杀掉,然后大家再平均分肉,把羊肉背回家,这样可以免得互相争斗。这时候的甄宇作为五经博士,看到闹哄哄的丑陋情景,觉得杀羊分肉是件很耻辱的事,就从人堆里站出来,自己一声不吭先拣了一只最瘦小的羊。大家看后面面相觑,不敢再在那里吵吵闹闹无谓的争执了。后来光武皇帝晓得了这一回事,就给了甄宇一个雅号,叫做"瘦羊博士"。(《东汉观》)

管宁善化

东汉末年间,有个人叫管宁。他幼年的时候和华歆同一张桌子读书。有一天,读着读着忽然传来吹吹打打迎接县太爷上任的声音,华歆忍不住抛下书本跑了出去看热闹。等他回来后,见原来两人共坐的一块席子已经被管宁割破了,这在过去是绝交的意思。管宁头也不抬地对华歆说:"你那么爱慕虚荣,我们不该再做朋友了。"

又有一次,邻居家有一头牛无缘无故地在田里乱跑,踩坏了许多庄稼,管宁奋不顾身地冲上前去把牛制服,又把牛牵到清凉的地方等着主人来领。终于牛主人来了,非常惭愧,觉得自己犯了很大的过失。管宁乡里有一口井,因为村里的人多,取水的人络绎不绝,大家一来就争先恐后地抢井绳,有时候还会因此争斗起来。管宁看在眼里,就买了许多取水的器具放在井旁边。那些人看了都觉得很羞愧。
(《三国志·魏志·管宁传》)

三、魏晋南北朝故事

重德轻色

三国时期的魏国,有个叫许允的人,他的妻子阮氏很是贤明,但人长得并不好看。许允在婚礼上第一次见到她,被她的容貌吓了一大跳,拜完天地客人离去后,许允说什么也不愿入洞房,于是阮氏派了丫环,去查看许允究竟在干什么。丫环回来报告阮氏说:"有个客人正和姑爷说话呢。"阮氏说:"这客人一定是桓范,他是来劝许允入洞房的。"过了一会儿,许允果然进房来了,可刚进来一会又起身准备离去,阮氏急忙拦住,许允问:"妇女要有四德,你有几德?"阮氏说:"我所缺的只有'容貌'这一条。我也听说君子要有百行,请问夫君占有几行?"许允说:"我全都占了。"阮氏继续问:"君子百行里面以德为首,现在看来,你好色而不好德,如何能说你全占了呢?"许允被说得哑口无言,十分惭愧,只好留下来,不再出去。过了几年后,他们夫妻二人终于相亲相爱了,并且越来越敬重对方了。

对于女子,我们应该更看重的是她们的品德,而不是容貌。然而只喜欢女子姿色不注重女子品德的人到处都有,这些人听了阮氏的话,能不感到惭愧吗?如果还不以此为惭愧的话,那真的要向许允学习了。(《八德须知》)

惭见伯姒

晋朝时候,有个叫皇甫谧的,因他叔叔早逝,婶婶任氏膝下没有儿子,他父母就将他过继给婶婶任氏做儿子。皇甫谧长大成人二十岁了,却不喜欢读书,终日无所事事,但是挺孝顺的。有一次,吃到一种水果觉得好吃,就拿去敬奉给任氏。而任氏拿了水果却泪流满面,她说:"就算你天天拿大鱼大肉给我吃,那也算不上孝顺。要是你自己有了学问,名噪天下,让父母为你感到自豪和荣耀,这才算得上是真正的大孝。我们的家世已经这样衰败了,而你又不肯用心读书,这岂不是辜负了祖辈们对你的期望吗?我若是死了,就是九泉之下也没有面目去见你的叔叔啊!"听养母这么一说,皇甫谧顿感惭愧,竟忍不住痛哭起来。从此,他下决心改过自新,认认真真、踏踏实实地读起书来,最后学有所成,终于成了一个大学问家,名震四方,大家都尊称他为"玄晏先生"。

任氏因势利导地教导儿子的事迹实在是让人感动。尤其是她泣不成声说"惭见伯姒"那一句,让皇甫谧感动得流下眼泪。这么具有资质与天赋的大学问家尚且还需要婶婶的引导,任氏的故事值得世上所有的父母去学习和借鉴。(《八德须知》)

巨伯救友

晋代有个荀巨伯,一次,他去探望一位病中的朋友,赶巧碰上打仗,敌军攻破了城池,黎民百姓纷纷逃难。朋友劝荀巨伯说:"我的病这么重,走不了,你自己快逃命去吧!""哎呀,你把我看成什么人了。"荀巨伯恳切他说:"我远道赶来,就是来探望你的。现在,敌军进了城,而你又病着,我怎能扔下朋友,独自逃命呢?"说完,他细心地给朋友熬药去了。"巨伯,我求求你,你快走吧!"荀巨伯一边给朋友端药倒水一边安慰朋友,说:"你安心养病吧,不要管我。天塌下来,有我顶着哪!"这时,砰的一声,门被踢破了。几个敌兵冲进来,冲着荀巨伯喝道:"你是谁? 我们一来,全城的人都跑光了。你为什么不跑?"荀巨伯指指躺在床上的朋友,说:"他是我的朋友,病得很重,我不能扔下他去逃命啊!"他转向敌兵,正气凛然地说:"请你们别惊吓了我的朋友,有事找我好了。即使要我代替朋友去死,我也绝不皱眉!"士兵愣了,听着荀巨伯慷慨的言语,看着荀巨伯无畏的神情,很受感动,说:"啊,想不到这里的人如此高尚,怎么好意思侵害他们呢? 咱们走吧!"说完,撤兵走了。(《世说新语》)

立功雪耻

晋朝时候,有一个叫沈劲的人,他的父亲曾经因为谋反被吴儒给杀了。沈劲躲藏及时总算保全了性命。沈劲虽然年少却有节操,为父亲非光明正大的死感到悲哀,下定决心要建立功勋来雪父亲的耻。那时,正值燕国的军队攻打洛阳,兵临城下,而坚守洛阳的陈佑已经弹尽粮绝。十万火急之际,陈佑把五百人马交给沈劲叫他守城。临危受命,沈劲高兴地说:"我平生立志要尽忠报国,现在终于有机会实现愿望了。"但终因敌众我寡,城池失守,沈劲被燕国的军队俘虏了。在他被俘期间神色从容,大义凛然,没有看出半点的恐惧。敌军中有个叫慕容恪的,被他的气势所打动,想把沈劲放了,另一个叫慕容虔的却说:"沈劲是个奇才,是个英雄,我看他终究是不肯罢休的,这样一个英雄你把他放了,不就是放虎归山吗?"最终他们还是把沈劲给杀了。

　　沈劲因为父亲曾经谋反的事受牵连一直得不到升迁与重用,三十多岁了也没有什么建树。所幸的是,在燕军进攻时,郡里的将官王胡之与其他人不同,他上疏皇上说沈劲清廉,方圆百里都有口皆碑。同时沈劲对国家忠贞不二,完全是可以委以重任的。于是皇上补封他为"冠军长吏",让他帮助陈佑抵御敌军。虽然最终寡不敌众,但沈劲慷慨就义,用自己的效忠来洗刷了父亲留给他的耻辱。(《八德须知》)

敢饮贪泉

　　晋代吴隐之,字处默,是濮阳鄄城人。他年少时就孤高独立,操守清廉,虽然到傍晚才能熬豆为食,但绝不吃不属于自己的饭食;虽然家中一无积蓄,但绝不拿取不合道义而来的东西。在他十余岁时,父亲去世,他每次大声哭泣时,连路过的行人都心酸流泪。他事奉母亲孝顺谨慎,到他为母亲守丧时,哀伤的表现超过礼制的规定。他家中贫困,没有人击鼓,每当他哭吊母亲时,就有双鹤在附近鸣叫,到母亲丧期进行祭祀的那天傍晚,又有一群雁会集在他家附近,当时人都以为是他的孝心感动天地所致。他曾吃咸菹,以其味美,挟起来扔掉。

　　吴隐之与太常韩康伯是邻居,韩康伯的母亲是殷浩的姐姐,是一位贤良聪明的妇人。她每次听到吴隐之的哭声,就放下筷子不再吃饭,为之悲痛流泪。后来,她对韩康伯说:"你如果掌管国家官吏的任用权,应当推举像这样的人。"到韩康伯担任吏部尚书时,吴隐之遂被任用为清官,他一出仕就担任辅国将军功曹,又调任征虏将军参军事。他哥哥吴坦之为袁真功曹,袁真失败后,吴坦之将要被处死,吴隐之去拜见桓温,请求代替兄长去死,桓温出于怜悯而赦免了吴坦之。由此吴隐之受到桓温的赏识,任奉朝请、尚书郎等职,后出任晋陵太守。吴隐之在郡清廉俭朴,妻子自己出去背柴。不久,又以他守廷尉、秘书监、御史中丞,依旧领著作郎,迁任左卫将军。他虽然出任清要的高官显职,但俸禄赏赐都分给自己的亲戚及族人,以至于冬天没有被子。他曾因没有替换衣服,在洗衣时,只好披上棉絮,他生活勤苦得与贫寒的庶民一样。

广州地区倚山靠海,是出产奇珍异宝的地方,一个小箱所装的珍宝,可供人生活数世。然而有瘴气,人易患疾病,所以一般人害怕去那里。只有贫困无法自立的人,愿意去那里担任官员。因此,前后刺史皆贪赃枉法。朝廷想要革除五岭以南的弊病,特派吴隐之为龙骧将军、广州刺史、假节,领平越中郎将。离广州治所二十里处的地名叫石门,有一道泉水,被称为贪泉,传说人只要一喝,就会有无尽的贪欲。吴隐之到达这里,看到周围的亲信虽然口渴却都不敢碰贪泉水,就对他们说:"不看到可产生贪欲的东西就能使心境保持不乱,现在我知道越过五岭就丧失清白的原因了。"于是他来到泉傍,舀上泉水喝下去,并作诗说:"古人云此水,一歃怀千金,试便夷齐饮,终当不易心。"

他在广州,清廉的节操更加突出,经常吃的不过是蔬菜和干鱼,帷帐、用具与衣服等都交付外库。当时有许多人认为他是故意作戏,然而时间久了他却始终如一。帐下人向他进奉鱼时,经常剔去鱼骨,只剩鱼肉,吴隐之觉察到他的用意后,给以处罚并加以黜降。晋安帝元兴初,朝廷下诏说:"在家中恪尽孝道,在困难环境中砥厉清节,实在是一般人难于做到的,而成为君子的美德。龙骧将军,广州刺史吴隐之孝顺友爱,超于常人,俸禄均分给九族,廉洁克己,俭朴过人。身处可产生贪欲的地方,而能不改变自己的操守,在海物杂错的富庶环境中,而家中亲属服装依旧。革除奢侈,务求俭约,使得岭南风俗为之改观,我对此有嘉奖。可将吴隐之进号为前将军,赐给钱五十万,谷一千斛。"

吴隐之乘船返回时,没有装载多余的东西。他回到京城后,只住数亩地的小宅院,篱笆与院墙又矮又窄,内外共有六间茅屋,连妻子儿女都住得很挤。刘裕赐给吴隐之车牛,又为他修造住宅,他坚决推辞。不久,任命吴隐之为度支尚书、太常,他以竹篷作为屏风,坐的地方没有毡席。以后,他迁任中领军,但清廉俭朴之风不改,每月初得到俸禄,只留下自己的口粮,其余都分别赈济亲戚、族人,家中人靠自己纺织以供家用。经常有困难缺乏的情况,有时把一天的粮食分成两天吃,身上总是穿布制的衣服,而且破旧不堪,妻子儿女一点也不能分享他的俸禄。

晋安帝义熙八年,吴隐之以年老请求退休,朝廷颁下措辞优美的诏书予以同意,赐给钱十万,米三百斛。九年,吴隐之去世,追赠他为左光禄大夫,加散骑常侍。吴隐之操守清廉,始终不渝,屡次受到朝廷褒奖,在他退休及去世时,受到优厚的尝赐,并赠予显要的官职,廉洁的士大夫们皆以此为荣。

他的儿子吴延之又坚持清廉的操守,曾任鄱阳太守。延之的弟弟以及儿子担任郡、县长官的,常以廉洁谨慎作为家门传统,虽然他们的才学比不上吴隐之，然而仍保持着孝敬友爱，廉洁恭顺的作风。
(《晋书》卷九）

斗富丧命

晋武帝司马炎，是中国帝王中比较奢侈腐败的一个。他在位时民间流行一句话是："上梁不正下梁歪"。在他的纵容和支持下，朝廷中有权有势的大臣使尽各种手段搜刮民财。有的大臣还指使武装力量抢劫商人财物，有的甚至像江洋大盗一样，杀人越货。石崇就是一个典型的例子。

石崇到洛阳后，听说晋武帝司马炎的舅父王恺饱饭后用饴糖水洗锅洗碗，摆阔气。于是，石崇就用蜂蜡当柴草烧锅煮饭。王恺不甘心落后，又别出心裁用紫色的丝绸编成屏障，在门前两面摆有四十里长。谁要到王恺家，必须走过这丝绸编成的长廊，充分表现出他家的富有与豪华。王恺这一举动震惊了洛阳城，人们都想去看上一眼，以开阔眼界。石崇对此很不服气，他计高一筹，用锦缎作五十里长的屏障，比王恺更奢华。就这样，他们二人的比富行为从暗处走向公开化。王恺觉得石崇比不过他，要坚决比下去，看谁最有钱。

石崇和王恺斗富的事被晋武帝司马炎知道了，司马炎认为这很好玩。为了支持舅父斗过石崇，就送给舅父一盆两尺多高的珊瑚树。这在当时是少见的珍品，比珠宝价值高。王恺通知宫廷官员前往他家欣赏珊瑚树，让大家夸耀他的富有，给石崇难堪。官员到齐后，王恺摆上丰盛的午宴。在宴会上王恺说："这棵珊瑚树，长得奇特、美观。枝条长短、粗细一样，颜色红中透亮好像一幅画，真是美不胜收。"王恺还没说罢，就有那溜须拍马的官员赞不绝口，称这是一件稀世珍宝。

王恺故意看了一下石崇,只见他在众人吹捧声中发出一声冷笑。他看到桌面上有一块玉石,拿起玉石朝珊瑚树打去,只听"咔嚓"一声响,珊瑚树被打碎了。宴会上的官员非常吃惊,不知如何是好。王恺气愤地指责道:"石崇,你想干什么?常言说,打狗欺主。你打坏我价值连城的珍品,你得赔我!"石崇并不生气,嬉皮笑脸地说:"这算什么,我赔你就是了。"于是命令手下官兵,把庭园里所有的珊瑚树全运来,让王恺挑拣。不一会,石崇手下的官兵搬来了三十多盆珊瑚树,高的约五尺,就连最小的也不比王恺那棵差。棵棵枝条锦绣、光彩照人。王恺看了,无言以对,知道这次比赛又失败了。

石崇的富有在洛阳首屈一指。朝中有个大臣名叫傅咸,对官员的贪污腐败、巧取豪夺、骄奢淫逸的恶习非常不满,上书晋武帝。晋武帝看后不理不问,因为皇帝也和王恺、石崇一样经常接受贿赂、搜刮民财,过着奢侈淫逸的生活,他怎能去反腐败呢。皇帝的不管不问实际上大长了王恺的威风,他胆子越来越大,借皇帝的名义私派官兵,逮捕了石崇。石崇上了囚车,知道性命难保,叹道:"王恺是想要我的财产,都是金钱惹的祸!"行刑的官员说:"你为什么不早点把财产分给穷苦百姓呢?"石崇无言以对。因为他的奢侈浅薄使全家十五口都遭到杀身之祸。(《世说新语》)

改过自新

周处年少时,为人蛮横强悍、打架斗殴,为当地一大祸害。此外,义兴水中有条蛟龙,山上有只白额虎,它们也时常祸害百姓,百姓将他们并称为"三害",三害当中属周处最为厉害。于是有人便问周处:"既然你这么有本事,何不去杀死猛虎蛟龙,证明一下你的实力呢?"实际上是希望三害相拼,自相残杀。周处听后立即上山击毙了猛虎,又跳入水中与蛟龙搏斗,蛟在水中或浮或没,漂流出数十里远。经过三天三夜,百姓们都以为蛟龙和周处一并死了,纷纷出来庆祝。结果周处杀死蛟龙,提着它的脑袋从岸边爬起。

闻听乡人以为自己已死、表示庆贺,才知实际上大家也把自己当作一大祸害,不禁满面泪流,萌生悔改之意。遂往吴郡寻找陆机、陆云这两位当时东吴的名士。恰巧陆机不在,只见到陆云。周处就把全部情况告诉了他,并说:"自己想改正错误,可岁月皆已荒废了,怕最终没有什么成就可言。"陆云说:"古人珍视道义,认为'哪怕是早上明白了道理,晚上死去也便甘心。'况且你的前途还是有希望的,再说人就怕立不下志向,只要能立志并努力去做,又何必担忧好名声得不到传扬呢?"周处听后决定改过自新,最终成为一代忠臣孝子。(《晋书》)

含冤忍辱

晋朝十六国的时候,前燕国的国主慕容俊与他的弟弟吴王慕容垂很合不来。总想找茬子治罪于其弟。手下人看出了主子的心思,于是诬告慕容垂的妻子段元妃与他人一起用巫术诅咒祸害别人,想借此让慕容垂牵连进来治他的罪。于是,段元妃被关了起来,期间严刑逼供,但段元妃始终没有屈招认罪。慕容垂很心痛自己的妻子,就偷偷派人去跟段元妃说:"一个人活在世上虽说免不了一死,但何必受这样的摧残、吃这么大的苦头呢?不如就屈服了吧。"段元妃说:"我也不想去死啊,可只怕认了这个罪名,不但羞辱了祖宗,也连累了丈夫啊。"就这样,在审问段元妃的时候,她的辩论和陈词更加坚定,慕容俊抓不到证据,从而使慕容垂幸免于难,而段元妃终因严酷刑罚死在狱中了。后来慕容垂做了后燕的国主,就追封段元妃为皇后,谥号为"成昭后"。

东西总是自身先腐烂了,然后才会生蛆。因为有慕容俊对慕容垂的不公平对待,才有中常侍阿谀奉承迎合慕容俊,从而诬告段元妃借机陷害慕容垂的事情。所幸的是段元妃大义凛然,唯恐自己让祖宗蒙受耻辱,甘受严刑拷打终不肯屈服,这才使得自己的丈夫没有中别人的毒计。慕容垂后来追封她为"成昭后"是很合适的。(《八德须知》)

高风亮节

东晋后期的大诗人陶渊明是名人之后,他的曾祖父是赫赫有名的东晋大司马。年轻时的陶渊明本有"大济于苍生"之志。陶渊明最后一次做官,是义熙元年(405年)。那一年,已过"不惑之年"(四十一岁)的陶渊明在朋友的劝说下,再次出任彭泽县令。有一次,县里派督邮来了解情况。有人告诉陶渊明,那是上面派下来的人,应当穿

戴整齐、恭恭敬敬地去迎接。陶渊明听后长长叹了一口气:"我不愿为了小小县令的五斗薪俸,就低声下气去向这些家伙献殷勤。"说完,就辞掉官职回家去了。陶渊明当彭泽县令不过八十多天,他这次弃职而去便永远脱离了官场。

陶渊明是在贫病交加中离开人世的。他原本可以活得舒适些,至少衣食不愁,但那要以付出人格和气节为代价。陶渊明因"不为五斗米折腰"而获得了心灵的自由,获得了人格的尊严,写出了流传百世的诗文。在为后人留下宝贵文学财富的同时,也留下了弥足珍贵的精神财富。(《晋书·陶潜传》)

闻鸡起舞

祖逖,范阳人。他生长在乱世。西晋王朝建立后,为了统一中国,不断出兵攻打蜀国和吴国。全国统一后朝廷内部争权夺利的斗争,又造成战争不断,百姓生活苦不堪言。

青少年时期的祖逖有个好朋友叫刘琨。他们关心国家大事,同情人民疾苦,一谈起政治问题,常常是彻夜不眠。有一天夜里,祖逖和刘琨睡在一起,天还未亮,公鸡一声啼叫,把祖逖惊醒。他看看天,一轮明月挂在天边。他把刘琨推醒了。刘琨问:"什么事,半夜起床?"祖逖说:"你听这鸡的叫声多么豪放有力,分明是让我们起床练好杀敌本领,报效祖国啊!"从此,他们二人听到鸡打鸣的叫声,就起床舞剑练功。这就是"闻鸡起舞"故事的来源。

东晋时代,北方匈奴人侵犯中原。祖逖也逃到江南避难。他为收复中原,用自己攒的钱招兵买马,发展武装力量。他们不怕艰苦,日夜不停地操练武艺,准备为国杀敌。

祖逖说服晋文帝,任命他为奋威将军,兼豫州刺史,给他一千人的生活费和三千布匹让他招兵买马,扩大部队,收复中原。祖逖率其将士,身着戎装,乘着大船,过江北上。祖逖昂首站立船头,拔出宝剑,猛击一下船桨,对士兵发誓道:"我祖逖如果不能收复中原,绝不再回江南。"这誓词如滚滚的江水,一直震撼人心。"击楫中流"这个成语故事就是从这里来的。不几年的时间,祖逖的部队便收复了中原。(《晋书·祖逖传》)

敌将还妻

南唐国的大将王建封去攻打闽国,抓到了闽国的将官余洪敬的妻子郑氏。王建封见郑氏有几分姿色想据为己有,郑氏拼死保全自己的贞节,决不向王建封的淫威屈服。王建封无奈,只好把她转献给自己的主帅查文徽。查文徽见郑氏长相不俗,想让她做自己的小老婆。郑氏知道后义正辞严地说:"王建封的军队是来替民讨伐敌人的,所到之处都表扬奖励那些忠义的男子和守节的妇女,以此来宣扬忠义守节的好风气。王建封作为一名军人,尚且没有去玷污那些有节操的妇女,你堂堂一个大元帅,怎么可以为了自己私欲而非礼一个妇人呢?如果你真要这样做,那我也只能用死来保全自己了。"查文徽听后对自己先前的念头感到十分惭愧,他不仅决定把郑氏放了,还为此专门登门拜访郑氏的丈夫余洪敬,并亲手将郑氏完好地送还给他。

吕坤说:"王建封和查文徽这两人虽然一时兴起,心术不正,但到底还是有羞耻之心的。所以郑氏能从容应对,幸免于难。有贞节的妇女一旦被俘虏了,要么慷慨陈词让对方感到惭愧;要么悲凄诉说让对方为之感动。人心都是肉长的,即使是强盗流氓,也会有几个从中悟出道理的。"(《八德须知》)

吉翂拒举

南北朝时候,梁朝有个少年叫吉翂,表字叫做彦霄,是冯翊地方的人。在天监初年的时候,他的父亲被奸臣诬陷了,罪名应当论死。当时吉翂才十五岁,他知道父亲没有罪被冤枉,心里又气又急,就跑到官府去敲朝堂上伸冤的鼓,要求代替他父亲的死罪。鼓声惊动了官员,经过调查,认定他父亲无罪,武帝就把他的父亲释放了。这件事惊动了整个县城,丹阳地方的县官叫王志,很赏识他的孝顺和勇气,就想举他为"孝廉",但没想到吉翂对王志说:"谢谢你的好意,你也太小看我了!做父亲的被人诬陷了,做儿子的理当努力营救才是,我只是遵循一直以来大家都应该遵守的道义而已,没有什么了不起的。如今你要举荐我做什么'孝廉',那岂不是说明了我营救父亲是为了出句、谋取功利才这样做的吗?如果我接受了,那才是天底下最大的耻辱呢!"吉翂执意拒绝,王志只好把荐举的事停止了。(《梁书·吉翂传》)

不为子谋

北齐有个叫崔劼的,在朝廷历次担任尚书,大家都称赞他是清廉与正直的人。当时朝中有个叫和士开的,在朝廷中相当吃得开,因为他竭力想得到钱财和声誉,因此到处替人斡旋做事,从而拉拢人心、培植爪牙。许多在朝廷做官的人也乘机围在他周围,曲意迎合、巴结奉承,努力替自己的子弟谋求一官半职。当时崔劼有两个儿子准备任职,不过都是在遥远偏僻的地区。崔劼的弟弟见状,急忙上前提醒哥哥说:"我看我这两个贤侄都挺不错,一表人才,气质不俗,既然如此,为什么不去求求和士开,让他帮着给两个贤侄在京城、省府这些繁华却比较清闲的地方谋个事,干嘛非要到那么偏僻的地方去呢?"崔劼回答说:"一个人要在社会上站稳脚根、树立威望,不是靠我自己去说而是他们自己干出来的,若我通过关系让两个儿子进来那是会让人耻笑的。"听过这番话的人无不对其佩服得五体投地。

其实,天底下没有人不爱自己子女的,尤其那些做官的人,更是希望自己的子孙声名显赫、荣华富贵。当时绝大部分的官员之后都在京城任职,更何况崔劼在当时被文宣帝委以重用,他完全有条件提要求。但就是在这样的情形下,他仍能保持清醒的头脑,清心寡欲,明白廉耻和立身的道理,和那些终日为蝇头小利或是儿女前途绞尽脑汁、苟且偷生的人相比,后者是多么的厚颜无耻啊。(《八德须知》)

甘居车棚

宋明帝秦始初,明帝提升孙谦为明威将军、巴东与建平二郡太守。这二郡在长江三峡地区,主要居住着少数民族,地方官一直是以武力来进行镇压。孙谦将要上任,明帝让他召募一千士兵一同前往,可他说:"不必麻烦役使兵车,以耗费国家资财",坚决推辞不受。到郡后,他广施恩惠,推行教化,人民十分感动,争相献上黄金与珍宝,孙谦加以抚慰劝谕,让他们回去安居乐业,所献的东西一无所受。对于原先抢掠的蛮人,孙谦也都将他们释放回家。自己俸禄中出于本郡官吏百姓的部分,他都免除不收。在他治理下郡中安定,他的威信大增。

齐高帝建元初,他担任宁朔将军、钱唐令,他以简便的方法处理烦杂的事务,以至狱中没有等待判决的囚犯。到他离职时,百姓以他在职时不受百姓的礼物,装载锦帛等物追着要送给他,但他一无所受。每次任职时,因为自己没有私宅,就借官府空着的车棚居住。

孙谦自少至老，历任二县、五郡的长官，所到之处廉洁奉公。他生活俭素，床边使用苇或竹编的粗席作屏风，冬天使用布被与莞草编制的席子，夏天没有蚊帐，但晚上睡觉却没有蚊虫来骚扰，别人都很惊奇。他年过九十，但身体强壮，与五十岁的人相仿，每次朝会，他都比众人先到公门。他努力实行仁义，自己所作的超过一般人很多。他的从兄孙灵庆曾在他家养病，他外出前及归来后都要去探问孙灵庆的起居情况。一次，孙灵庆说："先前喝的水冷热不调，现在还口渴。"孙谦退出后，便将妻子送回娘家。彭城人刘融乞讨要饭，病重后无处收留，他的朋友用车把他送到孙谦家，孙谦打开厅堂以接待刘融。刘融去世后，孙谦又以礼进行殡葬。众人都佩服孙谦的仁义作风。天监十五年，他死于任上，当时已九十二岁。梁武帝下诏赐给钱三万，布五十匹。梁武帝亲自为孙谦举哀，十分悲痛可惜。(《梁书》卷五三)

无钱返京

褚玠，字温理，是河南阳翟人。九岁时父亲去世，由叔父骠骑将军将他养大。褚玠小时就为人所称誉，长大后仪容风采甚好，善于应对，博学能文，词义典雅，不喜好艳丽绮靡的格调。他最开始被任命为王府法曹参军，后转任外兵参军、记室参军。迁任太子庶子、中书侍郎。

陈宣帝大建中，山阴县多豪强奸民，前后几任县令都因贪赃罪被罢免。陈宣帝颇为忧虑，对中书舍人蔡景所说："会稽山阴是个大县，但很久没有一个好县令，你在文士之中，考虑一下适于担任此职的人。"蔡景历说："褚玠廉洁俭朴，而且有才干，不知他能否入选？"陈宣帝说："很好，你说的正与我的想法相同。"于是任命褚玠为戎昭将军、

中篇故事

山阴令。山阴县民张次的、王体达与诸奸吏互相贿赂勾结,把丁口多的大户都隐匿起来,不交纳国家的赋税。褚玠就将张次的等人关押起来,将情况向尚书台汇报,陈宣帝下手诏加以慰劳,并派遣使者帮助褚玠进行检查,共检出军民八百余户。

当时舍人曹义达正受到陈宣帝的宠信,山阴县民陈信家中财产甚多,他用钱财贿赂、巴结曹义达,陈信的父亲陈显文仗势横行乡里,无恶不作。褚玠就派遣使者捉住陈显文,打他一百皮鞭,于是县中官吏与百姓都吓得两腿发抖,无人再敢触犯法令。陈信后来通过曹义达诬告褚玠,褚玠竟因此而被罢免。褚玠在山阴任职一年余,只是花用自己的俸禄,被免职后,没钱返回京都,就留在山阴县境内,种疏菜以自给。有人讥讽褚玠的才干不能担任县令,褚玠回答说:"我输送租税,不比其它县少,而且除去贪残暴虐之人,使奸吏心惊胆战。如果说不能搜刮民脂民膏,以供自己享用,则确实如您所讲的;如果说我不懂从政之道,我不服气。"当时人认为的确如此。皇太子陈叔宝知道褚玠没有钱返回京城,亲自写信给他,并赐给粟米二百斛,于是褚玠才得返京。太子喜爱褚玠的文辞,命令他入直殿省。大建十年,任命褚玠为电威将军、仁威将军淮南王长史。不久,以本官掌东宫管记。太建十二年,他迁任御史中丞,死在任上,时年五十二岁。

褚玠为人刚毅,有胆量决断,又善于骑射。他曾跟随司空侯安都在徐州外出打猎,遇到猛兽,褚玠张弓射箭,一连两发都从野兽口中射入,直入腹中,野兽很快就死了。到他担任御史中丞时,很有执法公正的赞誉。自从梁末丧乱,朝廷典章制度废弛,执法的官员因循守旧,不加改动,褚玠正要大加改革,制订条例,只列出纲要,而未编撰完成,故不列在后。他去世后,太子亲自为他制作碑铭,以表达对故旧的情感。陈后主至德二年,追赠褚玠为秘书监。他所撰写的章奏

杂文二百余篇,皆切合事理,由此为当时人所看重。(《陈书》卷三四)

见利忘义

北魏的时候,有个城阳王叫元徽,曾经替皇帝出谋划策,杀掉了有谋反篡位之心的太原官员尔朱荣。后来尔朱荣的堂侄尔朱兆带兵攻进洛阳,杀了孝庄帝。元徽害怕自己性命难保,仓皇逃走。

不久,他逃到山南,到了洛阳县令寇祖仁家。寇祖仁一家有三人官居刺史,都是当年城阳王元徽所引进提拔的。元徽因昔日对寇家有恩,故身边带了黄金五十斤,马五十匹来投靠他。可谁知寇祖仁被这些财货迷惑,竟忘旧恩。表面上虽然收留了他,而私下却对手下人说:"听说尔朱兆现在正高价悬赏收买元徽的首级,得到他的首级就可封赏千户王侯,今日富贵降临到我家了。"寇祖仁认为这是千载难逢的大好机会,心中喜极欲狂。他对元徽假惺惺地说:"尔朱兆的追捕部队就要到了,你还是赶紧逃到别处躲避为妥。"元徽信以为真,急忙离开,寇祖仁却命人在半路拦住他并将他杀死,并将其首级献给尔朱兆。

不料尔朱兆并未给予寇祖仁任何赏赐。不久,尔朱兆梦见元徽托梦给他说:"我有黄金二百斤、马百匹,在寇祖仁家,你可以前往收取。"尔朱兆醒后认为所梦真实,于是前往拘捕寇祖仁,追问黄金马匹。寇祖仁以为有人告密,心中有鬼,又望见尔朱兆本人,只好照实献出黄金五十斤,马五十匹。但尔朱兆怀疑寇祖仁另有隐藏,依所梦数量逼其交出。寇祖仁无奈,将自家原有的黄金三十斤、马三十匹全部献出。尔朱兆还是不信,拘捕寇祖仁,吊在高树上刑讯。就这样,寇祖仁被活活打死。当时人们都认为这是作恶的报应。

所以,乘人之危、昧心夺财常常是得不偿失,有时还会搭上自家

的钱财和性命。(《太平广记》)

四、隋唐故事

替父报仇

隋朝时候,有一个人叫王颁,他父亲王僧辩被陈武帝杀害了,他发誓要为父报仇。开皇初年,他找到机会,给隋文帝上呈了消灭陈武帝的计策。隋文帝果然采纳了他的建议,派了大军去讨伐陈武帝,王颁强烈要求跟从韩擒虎的队伍作为先遣部队,乘着夜色渡江。哪知正好遇上敌军,两军交战,王颁奋勇杀敌,不幸受了重伤,伤情非常严重,想到自己再也不能跟敌人战斗了,王颁禁不住悲痛呜咽起来。哭着哭着,王颁就昏睡过去。迷迷糊糊中,他梦见有人给了他一些药,第二天一早醒来时发现伤口开始愈合了,他又能战斗了。于是他又重新投入战斗,勇猛杀敌,终于得胜回朝。灭了陈以后,朝廷把他的功劳写入了史册,并加封他为柱国的大官。没想到,王颁却坚决辞谢:"我不过是借了国家的威严去为我父亲报了仇,给我加官或赏赐,我觉得受之有愧啊!"隋文帝听了,就不再勉强他。

李文耕评论:父母之仇,不共戴天。王颁发誓要为父亲报仇,而他刚好又是有志气、有品行、且智勇双全的人,可以说为父报仇已万事俱备。所以最终王颁能与敌人奋力战斗,灭了陈,建立了功业。虽说是凭借了国家的威严,但这到底还是需要他自己英勇奋战和激愤杀敌的,这难道不是"有志者事竟成"的最好说明吗?(《八德须知》)

问心无愧

唐高祖时期,尚书李纲屡次进谏太子,但太子依然我行我素,从不把李纲的话当回事,无奈李纲只得向高祖请求告老还乡去。高祖听了,就骂李纲说:"以前你可以做反贼潘仁的长史,如今你做了我的尚书觉得丢面子了吗,怎么闹着要走呢?"李纲答道:"潘仁虽说是反贼,但凡我正确的劝谏,他一定是听的,做他的长史我尽心尽力、问心无愧;陛下创下基业,是个明主,可我所说话或事却总是石沉大海,我进谏太子结果也是一样,我哪里敢再呆在这里,玷污了'尚书'这个称呼呢?"高祖听了他的解释说:"你是个正直的忠臣,有你来辅佐太子我才能放心。"高祖既然都这么说了,李纲也只好勉强留了下来。

李纲做潘仁的长史,尽心尽力问心无愧,所以并不感到羞耻;做了唐高祖的尚书,精忠报国,却谏而不纳,痛感玷污"尚书"的称呼,所以不惜用辞职作为最后也是最高的代价进谏,可见其为人的正直。唐高祖曾经考察群臣,评价李纲是最好。如果不是这样,唐初的时候人才济济,怎么却只有李纲被认为最尽忠尽职呢?我们这些后人也要力求问心无愧啊。(《八德须知》)

一笑了之

唐朝时候,有个叫娄师德的人做了宰相,他的弟弟也被任命为代州的刺史。娄师德就告诫弟弟说:"凡是那些受宠的人或很荣耀的人,往往会招致别人的妒忌,现在你有什么办法可以避免这种祸患呢?"娄师德的弟弟想了想说:"从今天开始,假如现在有人往我脸上吐口水,我不会生气,只会把口水轻轻擦掉,不去跟别人争吵,也不去理论。"娄师德听后,无不担心地说:"人家往你脸上吐口水,那是因为人家想让你生气,你不生气把他的口水擦了,就是违背了他的意思,这样会让他更加生气。所以,遇到别人吐口水在自己脸上千万别去擦,就算不擦它也会很快风干掉的。你应当面带笑容地去接受它,一笑了之才对啊。"

唐朝大将狄仁杰曾经感叹说:"娄师德的德行实在了得,可能连我自己被他包容了还不知道呢,我和他的差距太大了!"(《八德须知》)

卢氏训子

唐朝时候,有个叫崔玄晖的,他母亲卢氏是个有贤良品行的人。有一次卢氏训诫儿子崔玄晖说:"我每每听到人家说在外做官的人,如果说他穷得难以维生,我认为这是好的消息;如果说他积蓄的钱财很充足,穿着轻盈的袭皮衣服,骑着肥壮的马,我则认为这不是什么好事。如果用做官所得的俸禄去奉养父母,这本无可厚非;倘若不是这样,当官敛财,这与强盗又有什么区别?就算没有天大的过失,难道自己心里就不觉得惭愧吗?你做了官,如果不是忠心廉洁,又怎样在天地之间立身做人呢?儿子啊,你可要牢牢记住我的话。"就这样崔玄晖多年来坚守母亲的教诲,赢得了一世清白的好名声,流芳百世。

世上许多做官的拿很多的财物供奉父母,做父母的却不问这些财物是从哪里来的,很大程度上这就是廉耻之心丧失的原因。崔玄晖的母亲教导自己的儿子明白、切记这个道理,崔玄晖也能坚守母亲的训诫,赢得了好名声,所以被当时当地的人称为清廉的典范。(《八德须知》)

不事女主

唐朝时候,宰相狄仁杰有个堂姨姓卢,住在郊外午桥南面的园子里。堂姨有个独生子,从来没进过京城。狄仁杰很敬重这位堂姨,且逢每月的初一、十五及夏天的伏日和冬天的腊日,他都会恭敬地带着礼物去看他的姨母。又是一个休假之日,仁杰来到郊外看望卢姨向她问安,正好赶上表弟从外面回来,只见他掖下夹着弓箭手里拎着野兔、山鸡大步流星朝厨房走去。一会儿饭烧好了,他就进屋伺候母亲用饭,只和旁边的表哥狄仁杰随便地打了个招呼,并不把这位当朝宰相的狄仁杰当回事。于是,狄仁杰便启发堂姨说:"我现在已经是朝廷宰相了,表弟喜欢干什么做哪行告诉我,我一定会尽力让他如愿以偿。"可卢姨听后不以为然,她说:"宰相这个职务只不过是你自己觉得尊贵罢了,我就这么个独生子,我可不想叫他去伺候什么女皇啊。"狄仁杰听了,十分羞愧。

吕坤认为卢氏的贤明没有人可比。她只有一个儿子,却以清贫自居,坚守忠义,不因贫困潦倒而委托权重一时的外甥帮忙,这在一般人很难做到;而她那句"不想让他去服侍女皇帝"更让那些男子汉张不开口了。真是替世上那些趋炎附势、动不动就找人办事的人感到惭愧。(《八德须知》)

忍辱脱死

如果不能忍得一时的屈辱和痛苦,唐武则天时代的名相狄仁杰一定会被奸臣害死。

"大周"皇帝武则天采取各种方式控制朝政,其中重要的一种手段是建立和动用特务机构。特务机构的代表人物是来俊臣、周兴、索元礼,三人极为残虐,常常用残酷的刑法屈打成招,置人于死地。

三位宰相任知古、狄仁杰、裴行本等被来俊臣罗织谋反罪名下狱,按照当时的"规矩",只要一审招认,就可以免死。来俊臣威逼狄仁杰招认谋反,狄仁杰叹道:"大周革命,万物唯新,唐朝旧臣,甘从诛戮。反是实!"狄仁杰屈招,以此期望得到免于死罪的"宽大处理"。但来俊臣可不会轻易放过狄仁杰,他要让狄仁杰供认"同党"。负责审讯的另一酷吏王德寿要求狄仁杰将同僚杨执柔牵连进来。狄仁杰问:"怎么把他牵连进来?"王德寿说:"你在当春官尚书的时候,执柔在那里担任员外郎,因此就可把他牵连进来。"狄仁杰为免一死,已经忍受了极大的屈辱,怎么会诬陷同僚呢?狄仁杰曰:"皇天后土遣狄仁杰行此事!"意思是说:"是皇天后土让我谋反的,与别人无关!"说完便以头撞柱,流血满面。王德寿怕出人命,赶紧道歉。

忍辱负重只是暂时保住了生命,如果不用智谋和进一步行动,还是会被害死。狄仁杰趁审判期间的空档,求看守给了笔墨,拆掉被头的布书写冤情,藏在棉衣里。他对王德寿说:"天热了,该把棉衣脱给家人了。"王德寿不知是计,藏有冤情书的棉衣交给了狄仁杰的儿子狄光远。狄光远据此面见武则天,陈述父亲的冤情。武则天看完冤情书,把来俊臣叫来讯问。像来俊臣这样的心眼儿坏透了的酷吏,不论放在哪个朝代,都会欺上瞒下。他对武则天说:"我连狄仁杰的官服都没让他脱掉,起居安排安逸,怎么会逼供呢?"武则天将信将疑,又派人去现场查看。来俊臣果真让狄仁杰身着官服出场,同时又让王德寿假冒狄仁杰写了一个"谢死表",派去的人又很惧怕来俊臣,自然是附和来俊臣的说法。幸亏武则天不是昏君,她叫人把狄仁杰带来,亲自审问。"为什么承认谋反?"武则天问。狄仁杰答道:"如果不承认谋反,臣已死在鞭子下了!"武则天又问:"那你为什么又写'谢死表'呢?"狄仁杰答道:"臣没写过。"把那个王德寿假冒狄仁杰署名的"谢死表"拿来一对,真相大白。忍辱负重的狄仁杰终于免于一死,被发配到澎泽担任县令,保住了东山再起的根基。(《旧唐书》)

及第落驴

唐朝,有个叫湛贲的人,在县里做个小官。他和彭伉是连襟,彭伉中进士时,妻子家里所有的亲戚朋友都来道喜,座位上也坐满了当时名噪一时的大人物,彭伉坐在这些客人们的右边,十分风光。大家纷纷向彭伉道贺,溢美之词不绝于耳,煞是热闹。可湛贲却没人理会,像是被人遗忘了,他一个人在一个偏僻的小角落默默地吃饭,倒也悠然自得其乐。终于湛贲的妻子看不下去了,觉得挺羞愧的,就走到丈夫跟前说:"男子汉不能激励自己,都被人羞辱到这般田地了,还有什么面目见人呢?"真是一语惊醒梦中人啊,湛贲突然感觉妻子说的这几句话很有道理,此后他开始奋力读书,终于也一举登科成名。当湛贲及第的消息传来,彭伉正在野外游玩,他简直不敢相信自己的耳朵,一不留神竟从驴背上跌了下来。所以后来的人就开始流传这么一句:"湛郎及第,彭伉落驴"。大家都称赞湛贲的妻子贤良,能够因势利导,以羞耻来激发自己的丈夫,终使丈夫成就了功名。

说到底,湛贲的不求上进、不以为然使他的妻子为他感到十分惭愧,最终湛贲被妻子的言语所感悟,激励自己,为求上进,功夫不负有心人,湛贲终于功成名就,之前所受的耻辱也得以洗刷。"女人的话不可听"这话看来不是那么回事啊。(《八德须知》)

不饮不泣

唐中和年间,唐朝节度史时溥等人率军平定黄巢起义,将俘虏献给唐僖宗,俘虏包括黄巢的妻妾百人。唐僖宗在大元楼受降,并讯问黄巢妻妾:"你等皆勋贵子女,世受国恩,何为从贼?"领头的女子说:"狂贼凶逆,国家以百万之众失守宗祧迁都巴蜀。今天陛下都不能抗拒贼人,却来责怪一个女子,那公卿将相该承担什么责任呢?"唐僖宗听了这话,很不高兴,不再发问,将这些女子全部处死于闹市。行刑前,人们争相给她们酒喝,女子们都在悲痛中喝得大醉。只有那个领头的女子既不喝也不哭,就刑的时候神色平静严肃。(《语林》)

恬不知耻

唐密州刺史郑仁凯是个贪鄙无度的吝啬鬼。在家考虑的问题是怎样让家奴少吃饭又多干活,尽可能省下每一个铜子。他家的奴仆鞋破旧得不能穿时,他就会命令衙吏中穿新鞋的人爬上树去摘果子,然后唆使奴仆将人家放在树下的新鞋偷走。

当衙吏发现鞋丢失而向他诉说时,郑仁凯会很严肃而郑重地告诉他:你要搞清楚情况,刺史心里要考虑全州百姓的民生,决不仅仅是个单独帮你守鞋的人!(《唐书》)

钱徽焚书

唐朝时候,有一个姓钱的人,单名叫一个徽字。他做了礼部侍郎的官。那时候的宰相段文昌和专管制诰的官李绅,都把关系好的名字委托钱徽,要求给他们及第,并许诺录取了一定有他们的好处。钱徽没答应那两个人的请求,段文昌就到皇帝那里说他的坏话,还写了奏章污告他贪污受贿。皇帝昏庸,于是就把钱徽贬到江州地方去做刺史。有人劝钱徽把段文昌写给他的信拿出去以表明心迹,钱徽说道:"我心无愧,也没有做什么亏心事,何必寻了证据去辩白呢?"不仅

没有到皇帝面前去澄清,他还叫子弟们把那封信用火烧掉了。后来钱徽一直做到吏部尚书。(《新唐书》)

见风使舵

唐玄宗对于各位弟兄的友爱之情十分深厚。称宁王为大哥,常与各王侯一同吃饭。有一次大家在一起吃饭的时候,宁王呛食,竟喷在唐玄宗的胡须上,宁王惊慌失措,非常惭愧,知道自己闯了祸。皇上看他害怕的样子,想安慰他。这时,在一旁的乐师黄幡绰说:"这不是呛食"。唐玄宗说:"那是什么?"他回答说:"是喷帝"。讨了皇帝的口彩,自然让唐玄宗十分高兴,从此,黄幡绰成了皇上的"开心果"。

安禄山入朝之后,颇受玄宗杨贵妃宠爱,杨贵妃认他为义子,称之禄儿。安禄山恃宠而骄,借自己是胡人不懂朝廷礼仪之名而不拜见太子。在安禄山生日的第三天,杨贵妃命人用锦绣绸缎襁褓裹着他放入彩轿抬到后宫嬉戏,唐玄宗听到后宫一片欢笑,就问左右侍从,他们回答贵妃给禄儿洗礼呢。唐玄宗就问黄幡绰什么儿子最惹人喜爱?黄幡绰说:"自家的儿子最惹人爱。"玄宗听了,想到太子与安禄山之事,低头想了好久。

天宝十四年,安禄山叛乱,唐玄宗匆匆忙忙跑到四川。许多官员躲避不及落入安禄山手中,并受威胁而降,黄幡绰也在其列,就在安禄山身边侍奉了。

等到长安收复,叛乱的人和投降的人都被抓住了。黄幡绰被押到唐玄宗临时住的地方,由于唐玄宗喜欢黄幡绰才思敏捷就放了他。这时,有人在唐玄宗面前说,黄幡绰在叛军手中对大逆不道的安禄山百般迎合。他给安禄山圆梦,都顺着安禄山的心思,却忘了皇上多年来的恩宠。原来,安禄山曾梦见衣袖又长又大直拖到殿上,就让黄幡绰圆梦。黄幡绰说是垂拱而治不必费心力就会天下太平,安禄山听了很高兴。不久他又梦见殿中的隔子倒了,再问黄幡绰,黄说是革故鼎新,安禄山听了更是高兴。

于是,唐玄宗找来黄幡绰问他圆梦之事,黄幡绰说:"臣落入贼人之手,若不取得安禄山的欢心就难以活命,也就见不到太上皇了。我虽然给他圆梦的话说得好听,但我知道他一定会失败。"玄宗继续追问,黄幡绰说:"他梦见袖长,预示出不得手;梦见隔子倒了预示胡不得,也就是胡人得不到天下啊。"听他这么一解释,唐玄宗笑了,也就不怪罪他了。(《因语录》)

不坠家风

唐朝的宰相卢怀慎(?—716),滑州灵昌(今河南滑县西南)人,清正廉洁,不搜刮钱财,他的住宅和家里的陈设用具都非常简陋。他当官以后,身份高贵,妻子和儿女仍免不了经常挨饿受冻,但是他对待亲戚朋友却非常大方。他在东都(洛阳)担当负责选拔官吏的重要公务,可是随身的行李只是一只布口袋。他担任黄门监兼吏部尚书期间,病了很长时间。宋璟和卢从愿经常去探望他。卢怀慎躺在一张薄薄的破竹席上,门上连个门帘也没有,遇到刮风下雨,只好用席子遮挡。卢怀慎平素很器重宋璟和卢从愿,看到他们俩来了,心里非常高兴,留他们呆了很长时间,并叫家里人准备饭菜,端上来的只有两瓦盆蒸豆和几根青菜,此外什么也没有。卢怀慎握着宋璟和卢从愿两个人的手说:"你们两个人一定会当官治理国家,皇帝寻求人才和治理国家的策略很急迫。但是统治的时间长了,皇帝身边的大臣就会有所懈怠,这时就会有小人乘机接近讨好皇帝,你们两个人一定要记住。"过了没几天,卢怀慎就死了,他在病危的时候,曾经写了一个报告,向皇帝推荐宋璟、卢从愿、李杰和李朝隐。皇帝看了报告,对他更加惋惜。

安葬卢怀慎的时候,因为他平时没有积蓄,所以只好叫一个老仆人做了一锅粥给帮助办理丧事的人吃。玄宗皇帝到城南打猎,来到一片破旧的房舍之间,有一户人家简陋的院子里,似乎正在举行什么仪式,便派人骑马去询问,那人回来报告说:"那里在举行卢怀慎死亡两周年的祭礼,正在吃斋饭。"玄宗于是赏赐细绢帛,并因此停止了打猎。玄宗嘉其美政,为其写有赞词:"专城之重,分陕之雄,亦既利物,内存匪躬,斯为国宝,不坠家风。"(《新唐书》卷一二六)

自取其辱

贞观年间,代州都督刘兰因谋反罪被腰斩。

为了表示自己对皇上的忠诚之心,将军丘行恭把刘兰的心肝挖出来吃掉,并且四处宣称吃逆反者可以增加自己的忠孝程度。

唐太宗很厌恶这种行为,他把丘行恭召来臭骂一顿。他说:"法律有它的规定,你凭什么要残害一个死人?退一步说,如果吃了逆反者的心肝是忠孝之举,那也应该由我的儿子们来吃,哪里轮得到你这样的混蛋!"

丘行恭很惭愧,谢罪走人。(《大唐新语》)

坑蒙拐骗

唐朝,有个叫并华的是襄阳的杀猪屠夫。一次出外春游,醉倒在汉水江边。一个老翁把他喊起来,对他说:"看你的相貌不像是游手好闲的人。我有一把斧子送给你,你如果用它制作东西,造出来的物品一定会巧妙神通。日后小心从事,不要因为女子而受到连累。"并华半信半疑地谢过老翁,接受了斧子。

并华得到斧子之后,经常在安陆一带来往,住在一位叫王枚的富人家里。王枚有一个女儿因死了丈夫,回到娘家居住。她容貌美丽,并华见了以后十分爱慕。有天夜里,并华越墙偷偷进入王枚女儿的房间。那女子很害怕,并华对她说:"不顺从我,我就杀了你!"女子很害怕只好顺从了。从此以后,每到深夜并华就来到女子房中。

过了一些日子,王枚知道了这件事,就送给并华很多钱财想打发他走。并华知道了他的用意,就对王枚说:"我寄居在你家,已经接受你很多恩惠了,而你现在又给我这么多钱财,我日后没有什么好报答你的。现在我用一种巧妙的本领,制作一件东西献给你。"王枚说:"什么东西?我岂敢随意收留。"并华说:"我能制作木鹤,让它飞起来。你一旦有急事,只须乘上木鹤,就可飞到千里之外。"王枚以往听说过他有这种本领,就答应了。并华拿出斧头,用木头造成一双飞鹤,唯独没有把眼睛雕成。王枚奇怪地询问原由,并华回答说:"必须要等你信佛之后,做成了才能飞。如果不信佛,一定不能飞的。"于是,王枚决定开始信佛。可就在当天夜里,并华偷偷地带走了王枚的女儿回到了襄阳。

天亮之后,王枚发现丢失了女儿,到处找也找不到。就悄悄来到襄阳,把事情上告给州官。州官大怒,秘密下令搜查并抓住了并华,州官命令用刑,结果,并华被杖打至死。没想到坑蒙拐骗竟然把自己的命送掉了。(《潇湘记》)

营私为羞

皇甫文备是武则天时的酷吏。他同大理卿(古代法官)徐有功审理一起案件时,诬陷徐有功偏袒坏人,使徐有功获罪。后来,皇甫文备因事被人告发,徐有功审理他的案件时却比较宽容。有人问徐有功:"他过去要把你陷于死地,现在你反而想开脱他,这是为什么?"徐有功回答说:"你说的是私人之间的恩怨,我遵守的是国家的法律,怎么能拿私人的怨恨来妨害公法呢?"

徐有功在朝廷作官时正是武则天当政时期,政治黑暗、酷吏横行。他们以刑法为手段排斥异己、滥杀无辜。而徐有功审理案件总是以宽大为怀,不枉杀一人,经他存活的无辜者就有百家之多。因而当时人们都说:"如果谁经徐有功审判定了罪,大家都会从心底里鄙视和斥责他。"《旧唐书》称赞徐有功"听讼惟明,持法惟平"。徐有功之所以赢得人们的称赞,与他坚持"不以私害公"的执法原则分不开。
(《大唐新语》)

人死留名

五代后梁时期,王彦章在澶州屯兵,安营扎寨。有一天,晋国的军队把这个地方攻破了,俘虏了王彦章的妻子。为了能让王彦章投降,晋军不仅没有杀王彦章的妻子,还厚待她,然后派了一个人去劝说大将王彦章。可王彦章是忠义之士,岂肯投降,不仅把使者给杀了,还誓与晋军决一死战。后来战局扭转,屡战屡胜,王彦章因此被任命为副招讨史,全面掌管招降讨贼的事务。但就在那时,有人诬告王彦章,皇帝听信谗言罢了王彦章的官,把他闲置在家里。再后来因为战局有变,又恢复他的官职,要他带兵打仗。乱战中,王彦章受了重伤,不幸被俘虏。敌国的庄宗敬重他的勇敢和忠义,想保全他的性命,王彦章说:"我们打了败仗,势力已经不再,除了死还有什么好等的?我听古人有句俗话说:'豹死留皮,人死留名'。哪里有早上为梁朝做事,晚上又服侍晋国的呢?即使保全了我的性命,我又有什么脸面去面对天下人呢?"无奈,庄宗为了成全他就把他杀了。

五代时期局势混乱,不知羞耻、朝秦暮楚的人可以说是多得数不清。最初王彦章斩掉晋国的使者,绝别妻子,后来又带伤杀敌,舍生取义,拒不做晋国的臣民,到最终说出"我有什么脸面去面对天下人",他的忠义故事,让那些贪生怕死、脚踩几只船的人读了会不会有所改变呢?(《八德须知》)

庄宗狩猎

五代后唐庄宗喜好打猎。每次出猎,前呼后拥,马队卷过山岗,践踏田野,百姓庄稼全被毁损。

某天早晨,庄宗率猎队来到中牟县围猎,县令拦住皇帝的马头劝道:"大凡拥有国家的人都应该把老百姓放在心上,因为他们是国家的支撑者,没有他们,国家也就完蛋了。皇帝陛下今日为图一阵子的快乐,践踏他们的财产,会让村村寨寨都怨声载道,天下都可能因此而哗然。我是一县的父母官,不得不为民请命,让您停止这样的行动。"

庄宗大怒,觉得自己完全被县令的凛然扫了帝王的威风,在喝令县令滚蛋的时候已经动了杀他的念头。

庄宗宠信的伶官敬新磨见状想打消皇上的这个念头,就立即召集一群优伶上前抓住那位想走的县令,重新让他回到庄宗的马前。敬新磨假装厉声斥责县令道:"你既然是皇帝的命官,应该知道皇帝酷爱田猎,为什么还让老百姓在田野里撒种播种、为完成国家的税赋而辛苦!你作为皇上的命官、百姓的父母,应该为皇上的兴趣负责,空出大片耕地来让皇家人高高兴兴地进行大规模围猎,哪能纵容民众把每寸土地都耕耘遍了,进而妨碍天子飞鹰走犬、纵马田猎。你做错了还不知道进行自我批评,居然还要对着贤君唠叨,像你这种狗头,不砍了你还留着做什么?"

在他斥责时,优伶们你一言我一语地在一旁演戏。

庄宗则默不作声,心里惭生愧意,脸色慢慢地缓和下来。最后,他终于饶恕了那位耿直的县令。(《五代史补》)

羞死贪官

段秀实是唐代名将。字成公,陕西千阳人。幼读经史,稍长习武,言辞谦恭,朴实稳重。在位时朝野赞叹:"自古殁身以卫社稷者,无有如秀实之贤。"

段秀实曾遇到这样一件事:泾州大将焦会湛霸占别人的田地,然后又把地租给农民,要其在庄稼熟了后,交给他一半粮食。这一年大旱,庄稼颗粒无收。农民请求免交粮租,焦会湛蛮横地说:"我只知收租,不管其余!"农民走投无路,只好到营田官段秀实那里去告状。段秀实写了一张公文给焦会湛,一则希望他看到灾情,体恤百姓;二则讲明庄稼颗粒无收,零的一半还是零,按契约也应不交,请他免收粮租。焦会湛看后大怒,把农民按倒在地,又把段秀实的公文放在他的背上,然后在上面打了二十大杖,拉出院外。

段秀实听了这个消息,立即赶来,流着眼泪对农民说:"是我害了你!"扯下自己的衣服亲自给他裹上药,让人把自己骑来的马卖了,买成粮食代他交了租子。这件事引起了舆论对焦会湛的强烈谴责,焦会湛羞愧得满身流汗,说:"我到死也没脸见段公了。"一夜之间,竟自恨而死。

后来,段秀实调入京都任司农卿,陇右节度使朱泚给他家送去了三百匹名贵的绫绡。段秀实坚辞不收,并将绫绡高挂在司农卿衙署

的梁上说:"送礼纳贿败坏吏治,为我素来所恶。"以后有送礼者,无论是谁,都照这个样子。(《旧唐书》)

断臂远耻

五代时候,后周朝的王凝,当时做了虢州司户参军的官,不幸死在任上。王凝的妻子李氏带了年幼的儿子,奉了丈夫的丧回家乡。路过开封,因天色已晚,就停在一个客栈内。店主人因为她有丧在身,觉得不吉利,就不肯让她寄宿。李氏因为天黑不肯离开。于是,店主人就牵了她的手臂,硬把她拽出门外。李氏因为自己的手臂被别的男人拉了一把,觉得是很羞耻的事。就仰天大哭道:"天啊,我不幸没有了丈夫,难道这只手就可以给别人家随便拉吗?"话音未落,李氏就用斧头把自己被人拽过的那只手臂砍掉了。官府里的人听说了这件事就奏明朝廷,请求旌表。一方面赐给李氏医药,同时把店主人痛打了一顿。(《八德须知》)

五、宋元故事

绸缎遗言

宋朝时候,有一个叫赵士隆的,在九江做个小的地方官。当时入侵的贼兵强盗围困九江已一百多天了,守城的将官都逃跑了,只有赵士隆集合了剩下的百姓死守城池。但最终城池失陷,赵士隆也被俘虏。被俘时赵士隆神色坦然,面对贼兵强盗脸上没有半点恐惧。百姓们哭喊着让他们不要杀赵士隆,这些官兵也佩服和感动赵士隆和百姓的义气,就不打算杀他了,还要把他任命为安抚使。赵士隆听说了感到十分耻辱,大声骂道:"你们只不过是强盗而已,还要我屈服于你们,为你们做事?"便走到阴暗偏僻的地方,撕了一块绸缎,在上面写了些话留给自己的几个儿子说:"强盗虽然不杀我,可在道理上我是不可以活在这个世上了,你们若能够逃出去,将来一定要为我报仇。"写完让人把这绸缎交给了他的儿子们,然后就服毒自杀了。

赵士隆因为被强盗任命为安抚史而感到羞耻,服毒自杀,他的死可算得上是死得其所。不仅如此,赵士隆还担心自己的儿子们苟且偷生蒙受耻辱,于是偷偷撕下绸缎写下遗嘱,告诉儿子不可蒙耻渡过余生。果然,赵士隆的三个儿子最后也都能够恪守父亲的遗言,壮烈就义,让人十分敬佩。那些蒙耻偷生的人读了这篇故事,难道不感到羞耻吗?(《八德须知》)

道虔激耻

南宋朝有个叫沈道虔的。有一次有人把他园里的菜偷掘了,恰好沈道虔就在自家园内,他却一溜烟跑开了,生怕那偷菜的人碰见他会难过得要死。又有人把他屋后的笋拔去了,沈道虔就另外从市场上买回了一大堆又大又嫩的笋去送给那些拔笋的人,并且对他们说:"屋后的笋是要留着将来成就竹林的,你们要吃就吃这些吧。"偷笋的人听了觉得很惭愧,怎么都不愿收他的笋,沈道虔就把笋放在他们的门前,自己一个人回家了。和其他人一样,沈道虔平常也喜欢收割完拾取田里遗下的谷粒拿来做饭食。不过,那些同拾遗谷的人,一见稻穗就没命似地抢起来,有时还会为此打架,沈道虔怎么劝他们也不听,于是,他干脆将自己拣来的稻穗往地上一放,尽数给了他们,且说:"你们要稻穗尽管来这里拣好了。"听他这么一说,大家都觉得很

羞耻。后来每每做错了事,首先说的第一句话就是:"千万不要告诉给沈道虔知道啊!"(《宋书·卷九十三》)

耻于留名

宋朝时候,长安有个叫安民的石匠。崇宁年间,朝廷颁布了蔡京所写的《元祐党碑》,号令全国各地都要刻石立碑以正风气。安民是这方面的能工巧匠,自然也被朝廷拉去服役。可他不愿意去,他推辞着说:"我一个笨拙的草民,哪里知道立碑的寓意。不过像司马相公这样的人,天下人都称赞他人品正直,可当今朝廷又说他是什么奸邪小人,还要在石碑上刻像这样的话,我怎么忍心去刻呀。"地方官听了很生气,想要治他的罪。安民哭着说:"朝廷要我去服役,我不敢不去,不过我求你们千万不要让我在碑石背面留下我'安民'的名字,免得让后人知道是我刻的碑,那就得罪了后世的天下人了。"

一个小小的石匠而已,都能知道把正直的人刻成奸邪、做这种黑白颠倒的事是可耻的,可见羞耻之心是人皆有之的。只不过有人被势力所逼迫、有人被利益所诱惑时就会丧失和放弃了原来的那份廉耻判断。然而一介草民安民在朝廷党争混乱不堪之时能说出这样一番话,这足以让那些官吏感到惭愧和汗颜了。(《八德须知》)

太祖斥白

宋太祖时,大臣宋白主持科举考试。由于收受他人的贿赂,所以在评选时特别偏袒他人。他心怀鬼胎,怕红榜贴出后别人会有争议,于是他想出一计,先列出中举人的名单报告给皇上,想假托是皇上的旨意来为自己开脱。

皇上似乎看出了他的心事,拿着名单看都没看就愤怒地对他说:

"我让你去主持科举考试,中举的名单应当是你自己决定,为什么要向我报告?我怎么知道这些人适不适合呢?反正如果红榜贴出后遭到别人的非议,我就把你斩首向天下人谢罪!"宋白听后又羞愧又恐慌,急忙退下更改红榜,把向他贿赂的那个人的名字拿下,按照客观的考试情况公之于众。(《涑水记闻》)

靖康之耻

北宋钦宗年号为靖康。靖康元年十一月大宋遭到十几万金军攻打,于月底攻至皇都开封。同时,分别割让太原、中山与河间三镇,河北,河东。被围城十几日后,朝廷派郭京迎战金军,被攻破城门,破城后金军随意封锁城内劫掠金银。

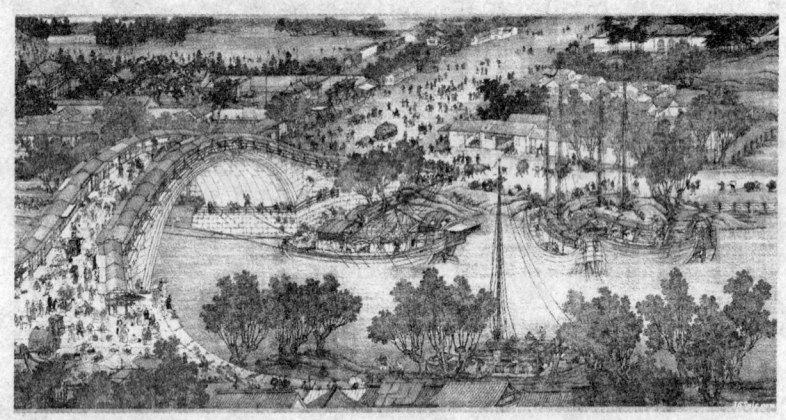

仍保有大片国土的宋钦宗,十二月向金国正式投降。交付全城尽半兵器,搜括开封市内的金银贡献于金军,承认割让北方太原等三镇。而此时钦宗弟弟康王赵构并没有去金营割地,而是借勤王之名拥兵自守一路南逃。

靖康二年,宋钦宗和宋徽宗本人及后妃、皇子、公主等三千多人被俘虏,另皇室妇女、宫女、官女、民女等共一万五千多人被俘,运至大金国土,大部分被当作妓女,受尽凌辱。宋钦宗赵恒本人只做皇帝一年多就被金人掳去,受尽折磨,终身监禁达三十年之久。

通常历史家公认北宋亡于1126年。此后徽、钦二宗先后死于五国城。

耻辱啊,大宋朝当时文有李纲,武有宗泽,后有岳飞,但关键在大宋根底已腐败不堪,多数人想着如何保命,如何保官,同时又是重文轻武的朝代,对于猛烈的外族攻势,节节失利,又没有很好地组织起来抵抗。唉,可叹!(《宋史》)

一亩地官

宋朝时候,有个叫叶颙的人,在常州做知府。当时有人劝他把税收的盈余进贡给上司以讨欢心,这样就有可能步步高升了。叶颙听了这些话生气地说:"那些所谓的盈余,实际上不是横征就是暴敛得来的,如果用这些老百姓的钱去换取别人的赏赐,我心里实在是感到羞耻。"后来叶颙做了宰相,总是以大局为重,极力疏远那些急功近利的小人。虽然官都做到了宰相,但叶颙的生活还是非常俭朴,吃的穿的都不改从前俭朴的习惯。以至于做了二十年的官,临死之时也只有一亩地。

叶颙死后,皇帝因为他的廉洁,特封他谥号为"正简"。有个叫林光朝的写了一首诗,也表达对他过世的无限悲痛。其中有两句是这样说的:"传家惟俭德,无地着楼台。"大家一致认为这是叶颙最真实的写照,而他的清廉也被后人不断称颂。(《八德须知》)

坚守迂腐

宋朝时候,有个叫滕处厚的人,从小聪明不凡,小小年纪不仅对《春秋》很有研究,还经常和大人们在一起讨论国家大事,唇枪舌剑、激扬文字,名气越来越大。后来滕处厚长大了,做了柳州的步尉,再后来又调往潭州甘泉酒库做管酒库的官,同时兼任元帅的幕府。滕处厚为人正直、刚正不阿,因为做事很较真,时常会得罪人,所以也有人称他有些迂腐,希望他改改。滕处厚听后却说:"我的迂腐是我自找的,而且我宁愿坚守我的迂腐,也不想把自己变成所谓精明的人。假如我有一天不迂了,我可能要为此痛心羞愧呢。如果还有人继续说我迂腐,我将很乐意接受的。"他的立场总是这样,坚持自己的志向不动摇,最后在谈笑吟诗间坦然过世。

人只有上对得起天、下无愧于己,才能坦然面对生和死,悠然自得过活一世。能够在临死前坦然乐观,从容面对的人,这世上又有几个呢?(《八德须知》)

阿尖咬母

宋代,无锡北门池塘边住的陈阿尖是个农民家的孩子。陈阿尖七岁那年,有一个卖鱼和蛋的人经过他家门口,他光着身子偷了一条鱼,将脊背靠在墙上,掩盖住鱼,还偷了两个鸡蛋夹在两腋之下,垂手而立,商人不知道。等到商人离去之后,陈阿尖拿着鱼和蛋回家,他母亲见了不但没去批评和阻止他,还很高兴。陈阿尖也自认为占了便宜,就萌发了学习偷窃的念头。从此他专心于拳棒,练习轻身术,几年后武艺学成。以前他家的耕地在池塘的南边,必须绕道从桥上过去才可到地里干活。可如今陈阿尖能以铁锄点水面飞身而过。一次,一个大盗的船停靠在池塘边,见他轻功如此了得,很害怕,于是快速离开了这里。

陈阿尖表面假装干农活,实际上行偷窃之事。数年后,家里变得很富裕也不再务农了。曾经有一次,他在雪夜里到苏州去,一夜偷得数千两黄金回来,藏在一座倒塌的桥边。为了制造混乱,去的时候,雪地上没有丝毫痕迹。回来时则倒穿草鞋走到无锡南门口。当时天还未亮,他又偷窃卖浆家的铜具,故意让主人发现,捆绑送交县令关了起来。第二天,苏州人发现黄金被盗,告知县里捉拿窃贼。有一个执法官看见草鞋印迹,怀疑是陈阿尖所为。到无锡打听他的下落,发现这天陈阿尖偷盗卖浆家东西犯了案被抓住,因此推断苏州的案子和他无关。狡猾的他就这样瞒天过海了。

陈阿尖被释放以后依旧到外省行窃,这天到了海盐县。当时有一家姓陈的富人名扬天下,并且家中上上下下都身怀绝技。其小女儿才十几岁,尤其骁勇敏捷,和丫环住在侧面楼上,把守家里的银库房。陈阿尖想偷但又害怕不是对手,就先飞身窜上高墙,向楼中观看,只见灯光,人声俱无。迅速下墙,拿出灯一照,只见铁栅栏锁得很牢固,知道是藏钱的地方。扳开铁条,正要进去,忽然窗环发出声响,一个穿青衣的女子从楼上飞身而下。陈阿尖大吃一惊,想逃已经来不及了。他掏出尖刀和青衣女搏斗,青衣女飞起一脚将刀踢飞。陈阿尖被捉住,他被提到楼上,只见一位小姐坐在床头,红色的衣裳,衣襟上绣着花边,容貌美丽无比。小姐笑着对陈阿尖说:"你也太不自量了,想要钱就不妨明说,何必干这种不良勾当。试问你有什么本事?"陈阿尖顺从地答应,并说不敢。再三问他,他才说会轻功。小姐听后告诉丫环取来一个大藤笆篓,让陈阿尖脚踏藤笆篓口走几圈。迫不得已陈阿尖只好上去走。只走了不足百圈,陈阿尖就大汗淋漓下来了。因为陈阿尖虽然会轻功，但百余步必定要踏一下地，以恢复气力，才可以重新走。小姐说："如此鬼把戏，也想当盗贼。我家丫环都可以胜过你。"小姐让丫环试走几下，数百圈下来，丫环面不改色气不喘。陈阿尖越发吃惊，知道不能逃脱，远远看到有一个窗户没有插上，就乘人不备，耸身急逃。小姐用脚尖踢了他一下，说："便宜了你！"也就没去追赶。

陈阿尖觉得手臂奇痛，连夜逃回家里，用灯一照，已经满臂青肿，医治了数月才治好。但是他窃心未改，贼心不死。终于有一天他被衙门抓获。县令因为陈阿尖的案子很多，向上级报告请求给予重判。临刑时陈阿尖呼唤他母亲来，说想吃一口奶，死了才瞑目。母亲怜惜儿子，特地赶来露胸让他吃奶。可就在一瞬间，陈阿尖却用力咬掉他母亲一只乳头，恼恨地说："假若以前你能用正理来教导我，怎么能让我落到现在这种地步？"（《宋稗类钞》）

平民公主

宋太宗的女儿大长公主，出生在宫廷却不迷恋宫中的享乐生活。别人吃的是山珍海味，她却喜欢吃粗茶淡饭；别人穿的是玉衣绸缎，她却爱穿粗布衣裳。宫廷的官员评价她说：她是以平民的思想过着平民的生活。

有一天，宋太宗为了考验一下女儿的志向，亲自把大长公主领到藏金银珠宝的仓库，让她开开眼界，并对她说："你喜欢什么就拿什么，父皇不会吝啬的。"大长公主随父观看了一遍，结果什么也没拿。太宗问她为什么不要，大长公主说："黄金、珠宝虽珍贵，但最珍贵的是知识丰富、技艺精良。"太宗叹道："说得有道理！"

大长公主从不出门游玩，一有时间就躲在房间里读书。读书累了,就向身边的女工学刺绣,天天如此。她书读得很多,诗词也写得很好。她有一首赞颂孙叔敖宰相清廉的诗,广为流传:"多年相位守清贫,儿子樵归自负薪。粗茶淡饭视为宝,无奈孙公意洁身。"

大长公主的刺绣手艺很高,经过几年的学习、磨练,她的刺绣品图案优美,工艺精良。宫廷的官员见了她刺绣的作品都说:身为帝王的女儿刺绣功夫这么深,真叫人难以置信。

宋太宗很爱大长公主,将她嫁给进士李遵勖为妻。公主在婆家也不以公主的身份压人。有一次婆婆不小心在门外跌倒,摔伤了左腿。大长公主发现后把婆婆背回家,替她擦洗伤口,一点也没有公主堆里娇生惯养的习性。有一次公主洗澡的时候自己摔伤右臂,宋太宗知道后,派宫中的官员向照顾大长公主的丫环问罪。公主却说:"是我自己不小心摔着了,不是丫环们的过错。"在她的保护下,丫环侍女才没受到处罚。她对别人宽厚,对自己的孩子却要求严格,到了老年,她更重视对子女的教育。她多次对孩子说:"你们各自要以忠义立身,靠才学为民,不要想着依靠我,要那样就会招来祸患。"(《宋史》)

崇节尚耻

宋朝时候。有一个叫王防的人,他的妻子黄淑娘是建宁人,通读五经的文义和历代的史纪,能够吟诗做文章。王防做了泗州地方的户曹官,死在任上。黄淑娘拉着丈夫的灵柩回到家乡去安葬。等到丈夫的丧服期满了,亲戚们就开始商议着把黄淑娘改嫁给庐陵地方的县官名叫安推的。黄淑娘听到了十分难过,她哭着说:"这样做叫我到黄泉怎么有脸去见王司户呢?"最终黄淑娘伤感愤懑而死。临死的时候,她嘱咐丫环把生平所做的诗句文章放在自己的棺材里,不可留在世上，生怕这些拙文诗句辱没了王家。

黄淑娘因为亲戚商议她改嫁，她觉得无颜去见自己的亡夫，伤感愤懑而死。而且把所有自己作的诗文放入自己的灵柩。她的父亲收拾她的遗物，只看到了一首关于咏竹的诗："劲直忠臣节。孤高烈女心。四时同一色。霜雪不能侵。"真是个崇节尚耻之人，在当今算得上烈女了。(《八德须知》)

为国荐才

北宋大臣吕夷简向宋仁宗举荐范仲淹，说他有才能，应该得到重用。仁宗说："他曾反对过你啊！"吕夷简诚恳地说："他虽然曾经反对过我，但他是为国着想；况且我也确实有缺点。"事后，宋仁宗采纳了吕夷简的意见，将范仲淹提升为大学士，任参知政事（副宰相）。范仲淹到任后向仁宗提出了富国强兵的十条建议，很受仁宗赏识。朝中纷纷赞扬吕夷简不计旧仇的高风亮节。范仲淹知道后心里无限感激，登门向吕夷简请罪说："我多次指责你，你还如此大度，向皇上建议重用我。"吕夷简说："大家都是为国家着想！"(《宋史》)

遭贬何愧

宋朝时候，张浚的母亲叫计氏。当张浚还是孩童时，计氏就让张浚以父亲为榜样，教他做人的道理。后来张浚在朝廷做了官，奸臣秦桧把握大权却贻误国家，日胜一日，张浚看不下去就想劝谏皇帝，希望皇帝觉悟。可是他又担心进谏会得罪小人招致祸害，考虑到母亲年岁已高，自己若有什么闪失，将无法奉养母亲。于是，张浚左右为难拿不定主意，内心忧虑以至于身体日渐消瘦。母亲见张浚憔悴的样子很奇怪也很心疼，就几次问发生什么事情了，张浚只能如实告诉

母亲自己的心事。计氏听后没有正面回应张浚,只是给张浚读了他父亲在绍圣初年对方正策说的一番话:"我情愿遭受死罪也要把该说的话说出来,我要是不说就是辜负了皇上。"听了母亲转述的这番话,张浚决定上书劝谏皇上。果不出所料,奏章呈到皇帝那里不久张浚就被贬了官,流放到偏远地方去。送行时,母亲对张浚说:"儿啊,你就安心地去吧,因为忠直而得了祸,没什么好惭愧的。到了那你只管尽心读你的书,不要把家里记挂在心上。"

　　张太师君悦的妻子计氏可以算得上是很善于教子的了。当孩子还很小的时候,就能背诵他父亲写的文章;能记住他父亲的一言一行。无时无刻地以他为榜样。当张浚还是孩子的时候,他的品行就很端正,为人就很正直,做事循规蹈矩,待人亲近谦和,这些都是和计氏的教育分不开的。尤其当儿子被贬时,计氏用"何愧"两个字为他送行,激励他继续保持自己的优良品德,这样的至理名言可谓世代相

传,长盛不衰。(《八德须知》)

一脉相承

有其父必有其子,以"先天下之忧而忧,后天下之乐而乐"闻名于世的北宋诗人范仲淹有个儿子范纯仁,出生在苏州吴县。他自幼勤奋好学,宋仁宗皇佑元年考中进士后,一直在宫廷任职,官位最高时是中书侍郎(相当于副宰相)。

范纯仁从做小官到当宰相,一直保持艰苦奋斗、廉洁俭朴的作风。范仲淹在世时,曾倡导成立救济贫苦人民的基金会。范纯仁也常常将自己的钱拿出来一些,供基金会救济穷人使用。有一年冬天,范纯仁到邙山调查农民生活情况。得知老百姓人畜饮用水困难,他当场拿出银两,为老百姓打了井,解决了百姓人畜饮用水的困难。老百姓得知此事,都非常感激。

范纯仁和司马光是好朋友。二人在洛阳做官时,结交的朋友很多。朋友来了,只用粗茶淡饭招待,酒也只能喝两三杯。有时,他俩到朋友家吃饭喝酒,朋友也是以俭朴的方式招待。于是,范纯仁和司马光就决定成立一个组织,叫"真率会"。意思是说,朋友间,靠的是情真意重,不是为了吃喝玩乐。他们的倡议得到了洛阳许多官员的响应,纷纷加入了"真率会"的行列。对朋友崇尚节俭,对亲属也是一样。有一天,范纯仁的亲属范从民,请教他如何待人处事。范纯仁坦率地告诉他:"只有艰苦的精神,才能养成廉洁的行为;只有宽恕,才称得上是高尚的品德。"范从民点头称是。这句话就成了范从民生活的座右铭。

艰苦奋斗,节俭为人,是范仲淹教育子女的重要内容。范纯仁在这种家庭风气影响下,处处按父亲的教导办事。小时候的范纯仁,读书常常到深更半夜不睡。由于油灯离蚊帐近,久而久之,蚊帐被油烟熏得像墨一样黑。范仲淹看到儿子蚊帐那样黑,心中暗暗称赞儿子勤奋好学的精神。无独有偶,范纯仁也秉承父亲遗志,经常用艰苦廉洁这四个字教育孩子,他说,自己苦一点,只要别人过得好,也就心满意足了。别人过得不好,你自己过得再好,也不是一个有为的人。(《宋史》)

庐革避试

宋代有个叫庐革的人,表字仲辛,是吴兴人。还在幼年的时候就被举荐为有品行的人。庐革不仅有德行,诗文也写得很好。那时杭州有个知府官叫马亮,看了庐革所做的诗句,觉得很奇异,总不相信竟出自少年所写。恰好那年朝廷举行科举考试,马亮是主考官,怕手下疏忽,就特意叮嘱他们要注意一份名为"庐革"的卷子,担心录取时因忙乱而漏取。没想到这事让庐革知道了,他说:"越是这样我越不能参加考试了。因为情面而被录取,对别人来说是好事,对我而言就是耻辱。我不参加考试,还是回家去第二年再来考吧"。说完果然拂袖而去。后来过了两年,庐革参加考试,一考就中了状元,年纪还只有十六岁。庐革追求真实的美名传播开来,连神宗皇帝也对宰相说:"朕听闻本朝竟有如此有廉耻、重恬退的读书人,小小年纪德行就这样,如此人才,值得重用啊!应当叫他做嘉郡地方的太守。"(《历史感应统记》)

不做贼妇

宋朝,贝州有个姓赵的女子,生得十分标致。那时叛党王则起兵谋反成功,得知赵家有个女儿貌若天仙,就送了绸缎一万匹,黄金一千斤作为聘礼,要娶这女子为妻,并且威胁赵家人:"如果你女儿不肯嫁给我,那我就把你们全家给杀了。"父母听了这样的话,哪里还敢违抗,但偏偏这赵家女儿就不愿嫁给王则。她说:"我虽是个女子,可是我头上顶着大宋朝的天,脚下踩着大宋朝的地,大宋养了我十九年啊,不能手拿兵器去讨伐乱臣贼子已经够遗憾的了,又怎能厚着脸皮去服侍这种乱臣呢?"赵家女伤心欲绝,天天以泪洗面,也不吃饭,他的父母、亲戚都苦守着怕她轻生。终于有一天,家里人给她穿上王则为她准备的皇后衣服,她边穿边说:"明明是贼妇的衣服,哪来的什么皇后的衣服。"家人怕被别人听到,迅速掩住她的嘴,强迫她上了王则派来的轿子。可谁都没想到,就在轿子里,这赵家女把自己吊死了。

赵家女身系父母及全族人的性命,不答应王则的逼婚肯定是不行的;然而答应了王则,就违背自己做人的原则,就成了无耻之徒、无德之人。古代女子在家要听从父母的命令,既然是为顺应父母之命,就算是嫁给了自己不愿嫁的人也可以不必非得寻死啊。可见古今的贞节烈女,她们最终追求的就是堂堂的正气和气节啊。(《八德须知》)

拒辱骂贼

宋朝时候,张弼的妻子叫徐氏,她是和州徐闳的二女儿。建炎三年,金人来攻打扬州,官兵望风而逃。非但不和敌人对抗,反而乘乱无恶不作,大肆掠夺百姓财物,强占民女。兵荒马乱中徐氏被他们抓住,官兵们想强暴她,徐氏瞪大眼睛大骂:"养兵千日,用兵一时,朝廷养了你们这些人那么多年,就是为了当国家有难的时候要你们挺身而出!今天敌人来侵略,你们不但不能同赴国难,反而乘机做强盗。可惜我是女子,不能把你们的头都砍了替国锄奸,替百姓报仇!今天被你们抓来,我怎么可能低头甘受你们的侮辱呢?求你们快点把我杀了吧。"那些士兵听了这番话又羞又恨,恼羞成怒地用刀刺杀了徐氏,并把尸体抛到江中扬长而去。

知耻的品德对于妇女是最重要的。能够保全好自己不被侮辱,这方面女子往往比男子做得好。但是像徐氏这样能够在乱世之中挺身而出,大骂反贼,大义凛然地视死如归,这样的人从古到今还是屈指可数的。(《八德须知》)

行不愧影

宋朝时候,有个叫蔡元定的人,生性聪明,颇有悟性。八岁时就能作词吟诗,读书过目不忘,小小年纪一天能熟记几千字的文章。才过了几年,蔡元定就独自一个人登到西山顶,在那里嚼野菜,忍饥挨饿苦读书。当时,朱熹的名声很大,蔡元定很想去拜他为师,就徒步去找他。见到朱熹后,他随便问了蔡元定几个问题,本想试探一下他学问的根基,不料蔡元定的回答让朱熹十分惊讶,朱熹说:"你的学问已经很好了,你不应该是我的学生,你的学识应该在我的朋友之列才对!"可是天有不测风云,朱熹遭人陷害,朝廷将他的学说污蔑为"伪学",属查禁之列,蔡元定一时也受牵连,被贬到道州。此时,蔡元定写信训诫他的儿子说:"做人在于正直坦荡,凡事都要做到问心无愧,如果走路时对着自己的影子不会感到惭愧,睡觉时独自面对内心也没有什么愧疚的,那就可以了。千万不要因为我被朝廷曲解而影响了自身的志向,放松了对自己的要求。"蔡元定做人坦荡无愧,他死后被赐谥号"文节"。

蔡元定之所以这样行不愧影,一方面受益于牧堂老人对他的谆谆教诲;另一方面受益于《程氏语录》、《邵氏经世》、《张氏正蒙》等儒家经典书籍的影响。他后来所著的《洪范解大衍详说》《律吕新书》和《八阵图说》等作品都是由大学者朱熹为他作的序,现在都已流芳百世了,大家都尊称蔡元定为西山先生。(《八德须知》)

奸人作秀

宋末,有位名蹇材望的四川人在湖州做知州的副手。当蒙古大军即将打到时,蹇氏发誓生为大宋人,死为大宋鬼。他抱定必死的决心,做了一面大锡牌,上面镌刻着"大宋忠臣蹇材望"七个字,同时用银子打制了两块笏板,凿了洞,在上面写着:谁获得了我的尸体,请帮埋葬,树一个碑,题上"大宋忠臣蹇材望"。这两块银笏,就是埋葬的费用。

他把锡牌和银笏系在腰上,静静地等着蒙古人来,他选择死的方式是投水自尽,他见到的人都被他嘱托过,大家反应不一,有人觉得他可敬,有人觉得他可怜,有人则觉得很悲壮。

丙子年元旦,蒙古人果然入城了,没有人知道蹇氏的下落,大家都说他投水牺牲了。蒙古人进据湖州的第三天,蹇材望骑着马穿着蒙古人的服装回来了。他在蒙军入城的头一天便已出城去迎拜蒙古人,然后蒙古人任命他做了州同知,协助统治湖州。

这个人啊,要做奸人也由得你,搞那么多花里胡哨的事不是搬起石头砸自己的脚吗?(《癸辛杂识》)

以死效忠

宋朝末年,宫中有两个宫女,一个叫朱氏,一个叫陈氏。当时朱氏被封为安康夫人,陈氏被封为安定夫人。好景不长,很快宋朝灭亡,这两个宫女也由宋宫重新编入元朝的宫里,成了元朝的宫女了。

从此,朱氏和陈氏在宫中郁郁寡欢,终于在元十三年五月十二日的晚上,这两个宫女把自己的身子洗净,穿戴得整整齐齐,然后一同上吊死了。她们死后,人们在朱氏的口袋里发现了一份绝命词。绝命词上说:"我们的死,首先能让宋朝免受耻辱,其次可以让我们自己的身体不受玷污。我们曾经吃的是宋朝的俸禄,如今迫不得已做了仇敌的臣子,这是多么羞耻的事啊!我们今天选择结束自己的生命,就是要表达我们对宋朝的忠贞。希望我们的死能换来大家的自新。"

女子能够洁身自爱已经让人肃然起敬了,难能可贵的是朱、陈这两个小小的宫女能把让国家免受耻辱当作自身最重要的责任,把给仇敌当臣子当成是最羞耻的事,这短短的绝命书给后人留下了多少警示啊。(《八德须知》)

不作降臣

宋朝灭亡后,有个忠臣叫谢枋得,不甘心大宋江山易主,发誓要光复宋室天下。于是到处招兵买马,大兴义兵。但天不遂人愿,他们吃了败仗,逃到了福建。谢枋得的妻子李氏得知那些元朝官兵在到处追捕她和孩子,无奈之下她便带着两个儿子躲进贵溪山的密林深处。山上没有什么可吃的,李氏就采来野菜为一家人充饥。元朝的官兵在山上找不到李氏,就下了一道命令:"如果几天之内再找不到李氏,就把山里的百姓统统杀死。"消息传到了李氏这里,李氏大义凛然地说:"绝不能因为我一个人连累了山里这些无辜的百姓。"于是自己主动从山里走出来,终于被捕,成了元朝的俘虏。第二年,她被送到一个叫建康的地方,有人告诉她:"你不久就要出去做奴仆了。"李氏听后说:"我不会像那些无耻之徒一样,甘做仇敌的臣子还厚着脸皮去服侍别的什么主子!"就在那天夜里,李氏解下自己的裙带,上吊死了。

穷图末路,李氏并不屈服,而是带着儿子躲藏起来避难,这是她的忠厚;不想因自己一人而累及其他百姓,这是她的仗义;挺身而出,甘愿被俘,这是她的勇敢;听说将要沦为奴仆就自杀身亡,这是因为她知道廉耻;死前叮嘱两个儿子要好好对待婆婆,这是她的孝顺。这样一个既忠诚又仗义、既勇敢又知耻且孝的女人,我们有什么理由不敬佩她呢?(《八德须知》)

毁炕夫人

元朝时候,有个叫张中顺的,跟妻子刘氏结婚没几天就到云南去了。弹指一挥间,十年过去了,而张中顺却始终没回过家。乡里有个有钱人,见刘氏生得美丽起了歹念,开始打起了她的主意。好几次派人去开导刘氏说:"张中顺已经死了,你都为他守了十年,不如为自己考虑趁早找个家境好的嫁过去。"刘氏听罢说:"就算我丈夫真的不回来了,我也应该严守妇道,坚守贞节才是。要我再嫁,还不如叫我去死。"终于一天,有个男子替张中顺捎回一封家书,来到刘氏家里,这个男子有些鲁莽,大大咧咧不由分说地就坐在刘氏的炕边跟她聊起天来,刘氏心里觉得这实在是一件让人羞耻和尴尬的事,有辱自己的清白。那人走后,她思前想后,就把炕拆毁了。又过了五年,张中顺回来了,夫妻终于团圆,过上了幸福的日子,而刘氏也因此得了"毁炕夫人"的美称。

刘氏誓死严守妇道,坚守贞节,一心一意等待丈夫回来,这足以打消那个富家子弟的不良企图;而送信的人不慎坐了她的炕,她认为男女授受不亲,就把炕毁了,这"毁炕夫人"多少让人为之刮目相看啊。(《八德须知》)

削发明志

元朝时候,余新之的妻子闻氏,绍兴人,年纪轻轻的丈夫就死了。她的父母考虑她这么年轻不该为其夫守节,就想把她重新再嫁人。闻氏知道后流着眼泪说道:"一个人怎么能嫁两个丈夫。这是贞节烈妇们认为最羞耻的事。做女儿的可以不活在世上,但不可以没有羞耻心啊。现在我的丈夫死了,婆婆又老、儿子又小,做女儿的离开他们改嫁他人,叫他们一老一小依靠谁啊。"说完,闻氏就将自己的头发削去,以表达自己发誓不再嫁的决心。他的父母看到她的决心已定,也就不忍再去强迫她了。不久,她婆婆的眼睛因长期患病瞎了。闻氏每天洗过手、漱了口,就用舌头去舔婆婆的眼睛。后来婆婆的眼睛竟被闻氏舔得重见光明了。

吕坤说,贞节的妻子没有不孝顺的,同样没有烈女不守贞节的。闻氏用干净的手和舌头为婆婆舔去眼睛的秽物,以使婆婆的眼睛重见光明,这样侍奉婆婆的方式如果没有足够的孝顺,单凭舌头怎么可能让其复明。(《八德须知》)

碧海丹心

郑思肖(1241—1318年),字忆翁,号所南,自称"三外野人",原籍福建连江透堡乡。少为太学上舍生,曾应博学宏词试,名列苏州贤士林。郑思肖幼时就矢志攻读,早怀报国大志。他壮年时代,正值南宋末年,蒙古贵族继金兵之后,不断南侵。面对海立山飞,国破家亡的社会大动乱,郑思肖九叩上书朝廷,力陈救国之策,然未被采纳。德佑二年春(1276年)宋恭帝降元。宋亡后,他誓不降元,隐居到苏州一座寺庙里,特将其室名取为"本穴世界",意即将"本"字中的"十"

置于"穴"中,隐"大宋"。而思肖之名与室名一致,思肖即怀赵,因宋室姓赵,赵的繁体字"从走从肖"。他坐卧不面北,这与其别号"所南"都是为了怀念南宋。每逢岁时伏腊,望必野哭,以表爱国思乡心迹。他擅工画,尤长墨兰,他的一些画也寓意爱国情感。如画兰多画花叶萧疏,不画土、根,以寓国土沦亡之意。有人问郑思肖为何画兰不画泥土,他答曰:"土地已被元兵所占领,哪来泥土?"当时,苏州知县向郑思肖求画遭拒,恼羞成怒,欲罚其缴纳数倍寺庙代其管理的田租。郑思肖却对差役说:"头可断,兰花不可画!"

后来,郑思肖回到家乡福建,不久即从泉州出国,搭大帆船前往印尼,在爪哇岛西北岸登陆,那里就是后来的巴达维亚埠。郑思肖到达印尼之后,孑身一人,无立锥之地,想觅一块地方辟为园林,但当年那里的土地均属当地土酋所有。怎样才能得到一块土地垦植呢?郑经过打听,得悉酋长很喜欢品饮中国的茶叶,便用八个瓷罐装满茶叶作为见面礼,土酋一见是茶叶,大喜过望,当下泡饮,口感极佳,大加赞赏,加之闻悉郑思肖乃赫赫有名人士,土酋就更加热诚招待。言谈之中,郑思肖向土酋诉说,初抵印尼,尚无栖身之地,酋长便动情在属地中划出纵横一英里的土地相赠。从此,郑思肖把这块土地辟为园林,精耕细作,逐渐成为华侨的聚居地,并别出心裁把这个地方命名为"八茶罐"以作为纪念。因福建的"茶"音读如"TEA",外国人把它译作"PETEAIBOAN",至今600多年这个地名一直沿用。如今"八茶罐"已成为名闻东南亚的华人市场,侨胞曾在此创办"八茶罐学校"。这里的华侨华商喜欢品饮祖家的茶叶,也喜欢背诵郑思肖的《感念诗》:"有怀长不释,一语一辛酸。此地暂胡马,终身只宋民。读书成底事,报国是何人?耻见干戈里,荒城梅又春!"(《南村辍耕录》)

六、明清故事

法不护亲

朱元璋率领农民起义军推翻元朝,建立大明,定都金陵。朱元璋称帝后,时刻想着打天下的艰难,守天下的责任,多次告诫百官要奉公守法,廉洁从政,人民安乐,才能长守富贵。如见钱帛不惧刑纲、贪图意外之财,一旦败露,一切都完了。不久,一位地方官员密奏告发他的三女婿欧阳伦违犯法律贩卖私茶。朱元璋闻听大怒,查明情况后,宣布处欧阳伦以极刑。尽管文武百官相继保本,马娘娘苦谏说情,更有安庆公主哭哭啼啼求饶,但这一切都没能使朱元璋改变主意。

"一个女婿半个儿"。朱元璋怒斩爱婿,显示出这位戎马创业皇帝严肃法纪的决心,皇亲国戚也不能例外。在宗族观念强烈的封建社会,朱元璋能够大义灭亲,秉公执法,实在是难能可贵的。(《太祖实录·卷二五三》)

湿鞋轿夫

明人张瀚曾说这样一个故事:明代哲学家王廷相一天乘轿遇上大雨,轿夫恰巧穿了双新鞋,开始时轿夫非常小心,总是"择地而行",怕弄脏新鞋,后来一不小心踏进了泥水中,之后便"不复顾惜"了,无所顾忌地在泥水中走。王廷相感叹道:"居身之道,亦犹是耳,倘一失足,将无所不至矣!"由轿夫"择地而行"到"不复顾惜"的变化,不由得使人想起贪官的蜕变过程。古人云:"夫祸患常积于忽微"、"不矜细行,终累大德"。很多人就是因为没有树立正确的荣辱观,没有做到"慎初",迈出了危险的第一步,以致最终"不复顾惜"踏上不归路。(《松窗梦语》)

官不聚财

明代苏州知府况钟,是个有名的清官。他写过一首《勉子侄诗》:"存心立品贵无差,子孝臣忠两尽嘉,惟有一经堪裕后,任贻多宝总虚花",就反映出他对聚敛货财恶行的鄙视。

常言说,上有天堂,下有苏杭。况钟虽为官于富庶之地,但却能廉洁为官,一尘不染。《况太守集》在介绍况钟的生活状况时写道:"其内署萧然,无铺设华靡之物。每食一肉一蔬,非公燕别兼味。家人及亲旧相对,尊酒数行,青灯夜话而已。"虽说苏杭乃丝绸之乡,但况钟的长子况宁每次从老家到苏州探望父亲,归去时,绅士们却不敢以当地的寸丝相送。况钟做官三十年,家中未增任何田产。人们在他死后归葬时发现,"舟中惟书籍服用器物而已,别无所有"。为他送葬时,苏州城内"郡民罢市,如泣私亲,其奔程路祭者,络不断绝"。况钟死后,朝廷对其"非财不可取,勤俭用不竭"的品行备加赏慰,特赠正议大夫资治卿;百姓出于对况钟一介不取之品德的感念,也几乎家家都悬挂他的像来祭祀。由此可见,公生明,廉生威。(《况太守集》)

力行节俭

据记载,朱元璋登基后,在总结历代王朝兴衰成败的教训时说:"自古王者,兴之未有不由于勤俭,其败之未有不由于奢侈。"为使天下官吏保持清正廉洁,他自己身体力行,戒奢崇俭。洪武元年,有司上奏,舆服应以金饰,并说这些费用很小,理所当然,否则有失天子威严。朱元璋听后非常气愤,说:"朕富有四海,岂无金乎,此节俭约,非身先以率下,且奢之习,未有不由小而甚大者也。"遂下诏用铜代替装饰。他在临终的遗诏中还嘱咐"丧葬仪物,毋用金玉"。从这些言行中,我们可以看出这位布衣出身的皇帝不仅做到自身节俭,而且注意到以身作则对群臣乃至风俗的重要影响。

几千年的历史告诉我们,凡是兢兢业业勤俭治国,必定会使国家兴盛。相反,凡是官场腐败,奢侈盛行,必定给国家带来灾难。而勤俭节约风气的形成,在上者"口能言之,身能行之",实实在在的身体力行,做出好样子,比扯开嗓子空喊要管用得多。(《明太祖实录》)

恭以远耻

明朝成祖皇帝的皇后徐氏,曾是中山王徐达的大女儿,从小就安静、端庄,很喜欢读书。明太祖听说她的贤淑行为,就亲自和徐达当面订了婚,并且后来还册封她做了皇后。徐氏身为皇后,可她常常在心里思索,虽然自己在宫里做了皇后,但是论德行自己感到很惭愧,似乎不配做这个统领妃嫔的正宫娘娘。所以时时刻刻以没有很好地辅佐皇上、没有很好地训导子女们为耻,生怕自己辱没了皇后的名声。她曾经采辑女宪女诫等文章,做了二十篇的内训。还分类编辑古人的善言善行,做了劝善书并颁布天下。

徐氏以端庄的姿态、贤淑的行为位居皇后,却时时感觉自己的德行有愧于这样的称谓,可以想象她做事谨小慎微、时时处处地检讨和反思自己的行为。像徐氏这么有德行的人常常觉得自己有不足之处,那些德性不如徐氏的人更该自我勉励了。(《八德须知》)

生不爱钱

杨继宗,字承芳,阳城人。明代天顺初年考中进士,授官刑部主事。当时狱中囚犯病死较多,杨继宗为他们改善饮食,并下令每三天洗浴一次,救了很多囚犯的性命。杨继宗又善于辨明疑案。河间府捕获了强盗,派遣乡里村民长文、郭礼押送京师,途中强盗逃走。张文对郭礼说道:"我们两个人都应当同死。你母亲年老,又缺少兄弟,用我来代替强盗,希望能保全你母子性命。"郭礼哭泣而谢,听从了张文的安排。张文身被桎梏前往刑部,杨继宗察明他并非强盗,终于辨明情况将他释放。

成化初年,朝廷采纳王翱的推荐,升任杨继宗为嘉兴知府。杨继宗赴任时仅有一个仆人跟随,官署书斋也都清朴无华。他生性刚正廉洁孤独冷峭,人们都不敢有所冒犯。然而他却能经常召集乡间父老询问疾苦,又大力兴办社学,民间子弟年满八岁不往就学,则要处罚他们的父兄。杨继宗每遇到学官时都待以宾客之礼,府内教师儒生竞相劝学,一时文教大兴。

有经过嘉兴的太监,杨继宗送给他们的只是菱角、芡实之类的礼品和历书。太监们索要钱财,杨继宗当即发出公牒去领取库中金银,并说:"钱都在,请给我立下印券。"太监吓得不敢接受。杨继宗进京朝觐,汪直想要见他,他却不肯。明宪宗问汪直:"朝觐官中谁廉洁?"汪直回签说:"天下不爱钱的,只有杨继宗一个人。"

九年任满,杨继宗被破格升迁为浙江按察使。他多次冒犯太监张庆,张庆哥哥张敏在司礼监,经常在宪宗面前诋毁杨继宗。宪宗说道:"你说的不就是那个不要一个钱的杨继宗吗?"张敏惶恐不安,写信给张庆说:"好好对待杨继宗,皇上已经知道他这个人了。"

杨继宗得知母亲去世的消息,立即离任出行,将官署中的器物全部清理交付给官府,只带着一个仆从、几卷书而还。守丧结束后,杨继宗以右金都御史巡抚顺天府。京畿之内有多处权贵的庄田,凡有权贵侵占百姓产业的,就立即夺还给百姓,他还巡查关塞,武备得到很大整饬。遇到星辰变异,杨继宗应诏上疏陈言,历数太监和文武诸臣贪赃残虐之状,并且请求召回出镇的太监,因此更加被权贵们所嫉恨。

明孝宗即位后,杨继宗改任湖广按察使。到任后,他让人打来上百斛水,把厅衙冲洗一番,然后再处理事务,他说:"我用来清除污秽。"在任不久，又以金都御史巡抚云南。云南都指挥使司、布政使司、按察使司有许多杨继宗的旧日同僚，相见十分高兴。见面后他离开座位向僚友揖礼说道："明天要办公事，望诸君能给予谅解。"于是弹劾罢免不称职的八人。不久他便去世了。

杨继宗极力维持风纪节操，但心肠慈厚，自己处事必定依礼而行。任知府时，谒见上司一定身着朝服，入京朝觐谒见吏部时也是如此。有人说不用这样，杨继宗笑道："这是朝廷的法服，这时不穿，什么时候穿用呢？"他任浙江按察使的时候，有管仓库官吏的十余人因缺少库粮被关在狱中，以至于卖掉子女赔偿。杨继宗想从宽处理他们，却没有理由。有一天，他的月俸银送来了，他让人称量一下，发现超出了原数，再量别的官吏俸银，也都如此，因此悟出了仓吏缺粮的原因，他准备具实上报，众人恐惶不安，请求杨继宗，甘愿捐出俸银代替仓吏们赔偿。十余名仓吏因此获释。杨继宗曾监考乡试，得到两份好考卷，便身着朝服一再拜天道："这二生必当为天下人才之魁，我为朝廷得人才而祝贺。"等到拆开考卷，知道二生为王华、李文，后来果然相继考中状元，人们因此佩服杨继宗有眼光。天启初年，追赠谥号为贞肃。（《明史》卷一五九）

坚守城池

明朝末年，清兵入侵中原，并很快挥师南下。扬州督师史可法誓死守城，以悬殊的兵力苦苦抵御。清军想招降他，就把扬州城团团围住，并接连几次给他送招降书，他看也不看就丢进水中。这时外援断绝，总兵和监军副使又率兵投降，城中形势万分危急。旧城西门十分险要，史可法亲自去守城。他还给母亲和妻子写了绝命书，决心以身殉国。过了两天，清兵进逼城下，炮击扬州城的西北角，城被攻破。

史可法举刀自刎,但被部下死死抱住,部下簇拥着他出小东门,此时清兵涌至,他被俘了。被俘后,他大叫:"我就是史督师!"清兵将领豫王说:"我多次写信劝你投降,都被你羞辱,如今城破被擒还是这个样子,你既要作个忠臣,那就成全你。"史可法大声说:"与城共存亡,我的主意早已拿定,即使碎尸万段,也觉得甘甜。只是扬州城百万百姓,既已属于你们,应从宽对待,千万不可杀害他们!"于是他在南城楼慷慨就义。(《南忠记》)

两袖清风

于谦是明代杰出的军事家、政治家。他19岁时写《石灰吟》:"千锤万凿出深山,烈火焚烧若等闲。粉身碎骨浑不怕,要留清白在人间。"写诗明志,激励自己。在他数十年的为官生涯中,蔑视荣华富贵,珍视道德修养。于谦任巡抚河南、山西达19年。当时正值正统年间,宦官王振专权,作威作福,肆无忌惮地招权纳贿。百官大臣也争相献金求媚。封疆大吏进京述职,多要向朝中权贵有所馈赠,每逢朝会期间,进见王振者,必须献纳白银百两;若能献白银千两,始得款待酒食,醉饱而归。而于谦每次进京,都是"空囊以入"。好心人劝他:"虽不愿送金银珠宝攀附权贵,至少总要带点土特产线香、磨菇、绢帕之类的东西才好。"而于谦听后哈哈大笑,举起双袖,甩了甩说:"我带有两袖清风!"并就此作七绝一首:"手帕磨菇和线香,本资民用反为殃。清风两袖朝天去,免得闾阎话短长。"两袖清风的成语便由此而来。(《明史》)

少年英雄

夏完淳是个天资聪慧的孩子,在父亲夏允彝与老师陈子龙的指导下,五岁就能讲述《论语》,九岁时就写过一部诗集《代乳集》,是当地有名的神童。

清军占领苏州和杭州后,企图拉拢夏允彝出去做官,被夏允彝严词拒绝。父亲的反清精神和坚贞气节,深深地影响了夏完淳。

清军的暴行,激怒着江南的人民,夏允彝要继续抗清,组织义兵攻打被清军占领的松江城,并叫人去说服吴志葵发兵来协助。夏完淳跟着义军出征,当时他十五岁,结婚才几天,就告别了新婚的妻子,上了战场。

攻打苏州的战斗,起先还顺利,义军打进了城。但是吴志葵的援军迟迟不到,结果被城里反扑的清军战败。这时,吴志葵的人马才开到,见此情形,便率兵撤退。

夏完淳跟着他父亲和陈子龙冲出清军的包围,逃到乡下隐蔽起来。清军到处搜捕他们父子。夏允彝见山河破碎,而自己一个读书人,无力回天,悲愤异常,又不愿落入清军魔掌,决定自杀殉国。他给儿子留下一份遗嘱,嘱咐他继承遗志,坚持抗清,永远不要做清朝的官,就投河自杀了。

父亲的牺牲使夏完淳无限悲痛,也更激发了他抗清的斗志。他和老师陈子龙听说太湖一带活跃着一支抗清义军,是吴日升领导的,就去参加了义军,并变卖自家的全部财产,献给义军作军饷,还当了义军的参谋,负责制定作战计划。夏完淳还写了篇奏章,派人到绍兴去呈给鲁王,与绍兴的义军取得联络。鲁王听说上书的人是个十五岁的少年,文章写得这样慷慨而激动人心,非常高兴,封给他一个中书舍人的官职。

吴日升水军利用太湖的万顷碧波,来无影,去无踪,神出鬼没地打击清军。但由于叛徒告密,吴日升最后失败了。

中篇故事

一年后,陈子龙打了一次败仗,被清军抓住,也壮烈牺牲了。不久,夏完淳写给鲁王的一封奏折,被清军查获。几天后,清军突然闯进夏家,把夏完淳抓去,押解到南京。

审讯夏完淳的是洪承畴,这个在松山战役失败后投降了清朝的原明朝大官,虽然听说夏完淳是名闻江南的神童,但欺他年幼,以为容易对付,就说:"你年纪小小,懂得什么,哪能领兵造反呢?一定是上了奸人的当。只要你回心转意,归顺大清朝,本督一定能保你做大官。"

夏完淳装着不知道上面坐的是什么人,大声回答:"我听说从前有个总督洪亨九(洪承畴的字),是本朝的大忠臣。带兵在松山与清寇大战,身先士卒,兵败后以身殉国。我仰慕这样忠烈的人。我年纪虽然小,却懂得忠奸,我要像那个亨九先生一样,杀身报国,决不投降去做敌人的官。"

洪承畴想不到小小的孩子说出这样一番话来，就像千万支乱箭射穿他的心。当着众多下属，他的脸红一阵白一阵的。押解夏完淳的卫兵，轻轻地对他说："快不要胡说，堂上坐的正是洪承畴洪大人！"

夏完淳冷笑道："哼！洪大人早就为大明朝捐躯，天下谁人不知，谁人不晓？哪里来的叛徒，胆敢冒充先烈的英名，玷污洪先生的忠魂。"

夏完淳一连声痛快淋漓的斥骂，将堂上坐着的洪承畴，骂得呆如木鸡，一头大汗，回答不出一个字。旁边的清军士兵，也都抿着嘴暗笑。好一阵，洪承畴才缓过神，气急败坏地一拍惊堂木，大叫："快拉下去！快拉下去！"

夏完淳英勇就义了，那是在公元1647年农历九月，才17岁。但少年英雄痛斥洪承畴的故事，永远流传在百姓心中。

夏完淳和他的父亲夏允彝的遗体，被合葬在松江城的西边，至今为人们瞻仰凭吊。(《皇明四朝成仁录》)

布袍淡饭

明代嘉庆年间，有一位铁面无私的县令叫海瑞。大家都知道他执法如山，为民伸冤而名贯古今，为人称颂。海瑞不仅秉公执法，而且为政清廉，就是在生活上也十分俭朴。

海瑞原籍广东琼山，调淳安(今属浙江省)任县令时他的母亲也随同他到了淳安。尽管儿子当了县太爷，老太太却仍然节俭如一，洁身自好，不忘劳动人民的根本。在海瑞的提议主持下，老太太也和家人一起挖地种蔬菜，以供全家日常食用。平日海瑞穿的是布袍，吃的是粗粮；全家老少也同他一样过的是一般平民的清淡生活，当地的百姓都称他是"布袍淡饭"的父母官。

中篇故事

生活上坚持勤劳节俭成了海瑞家庭的生活原则,就是老太太生日的日子,也只是买了两斤猪肉为她祝寿,平日的生活水平就可想而知了。难怪他的顶头上司胡宗宪大惊小怪地对人说:"听说海县令为母亲祝寿,仅仅买了两斤猪肉。"

海瑞持家俭朴,执政就更是清廉。有一次他的顶头上司胡宗宪的儿子经过淳安,仗势横行,搜刮民财,对驿站的官吏大耍淫威。海瑞得知是胡宗宪的儿子,故意佯装不知,并命令部属把他拦截,搜查他的行囊,发现箱笼里有几千两银子。海瑞当即下令:全部将其没收充入国库。同时他又巧妙地将情况写成报告派人飞报胡宗宪。报告大意是:"胡公以往巡察部属时,总是一再吩咐各地要廉洁,所以我们都是照你的指示执行的。现在拦截的这个家伙竟敢冒充是您的公子,我们只好把他搜刮到的钱财全部没收,充入国库了。"胡宗宪看了这份报告,真是哭笑不得。

嘉靖皇帝在位46年,但他迷于道教,长期不理朝政。统治者荒淫,百姓苦不堪言,正直的官吏苦谏,有的被下狱,有的被杖死,从此便无人敢议论朝政。海瑞决心冒死上书批评皇帝。但他深知此举可能送掉性命,不能不作深入思考。他事先采取了一系列措施,以动员舆论,引起社会各界的注意。他的报告痛陈皇帝的错误所造成的严重后果,皇帝看后非常恼火,扔在地上,吩咐"赶快捉住他,不要让他跑了"。有个叫黄锦的宦官就对皇上说:"这个人一向有憨痴的名声,听说他上疏的时候就知道会被杀头,所以准备了一副棺材,和妻子诀别,仆人也被他打发走了,就等着皇上发落。他是不会逃的。"也许是宦官的这番话打动了皇帝,嘉靖好长时间不吭声,虽然一再发怒要处死他,但终于没下得了手。(《明史·海瑞传》)

诚实状元

孙承恩,原名曙,字扶桑。从小聪明好学,博才多识。在官学读书时,便以文才闻名遐迩。顺治十一年(1654)八月,孙承恩参加顺天乡试,夺得第一名解元。但在来年的会试中,却落第了。顺治十五年二月,孙承恩再次步入礼部贡院考场,三场考试下来,孙承恩榜上有名。会试中选,还须经过殿试才能成为进士。四月,殿试开考。收卷后,担任评卷的"读卷大臣"开始评阅试卷,他们选定十本最好的卷子,排定第一至第十的名次,送呈当朝天子顺治皇帝圣裁。顺治皇帝反复看了十本卷子,还是觉得第一本最好。就内容说来,这位考生敢于直抒己见,指陈时弊,尤其是文章结尾规劝皇帝"克宽克仁、止孝止慈"的一段论述,更是深深地打动了顺治的心;且文风朴直,议论剀切,行文也非常流畅;书法也不错,满卷清丽挺拔的欧体楷书。像这种从内容到文字都无从指摘的试卷,在虚言应酬的策试中是很难见到的。顺治皇帝非常高兴,决定把此卷考生点为状元。

主意打定之后,顺治皇帝就忙着撕开这份卷子的弥封,想先看看这人到底是谁?只见履历上写道:"应殿试举人臣孙承恩,原名孙曙,系江苏常熟人……",再往后,当顺治皇帝读到孙承恩自撰的三代家世时,仿佛想起了什么,不禁渐渐地皱起了眉头。顺治皇帝沉吟道:"这人会不会跟去年因科场作弊被处充军的罪犯常熟人孙旸是一家人呢?如果是,可不能轻易把他点为状元。"于是,他把内阁学士王熙找来,吩咐他去查清此事。

其实,王熙和孙承恩本是非常要好的朋友。王熙当然知道孙承恩就是孙旸的亲哥哥,他不禁暗暗为孙承恩叫苦,但又转念一想,圣上也不过随口问问,只要孙承恩不说出真情来,就滑过去算了,天下那么多考生,同名同姓的多的是。于是又转悲为喜。

见面之后,王熙把顺治皇帝准备点孙承恩为状元,但又怀疑他是孙旸家人的整个经过告诉了孙承恩。最后,王熙对孙承恩说道:"现在上天入地就全在你一句话,我回去怎么启奏圣上呢?"孙承恩想了一会,感慨地对王熙说:"人生祸福,全由命定。但我们为人处世,又岂能绝仁绝义,欺君卖弟呢?请先生奏明圣上,孙承恩就是江苏常熟孙旸的亲哥哥。"王熙听罢,非常感动。他虽然再三规劝孙承恩不要这样老实,可孙承恩只是闷闷地摇头。王熙看他主意已定,只好和他告辞,上马走了。

当王熙回到养心殿,已是半夜时分,但顺治皇帝却还在那里燃烛等候着他。王熙急忙上殿,把孙承恩的话原原本本地奏了上去。出乎王熙预料,顺治皇帝听罢回奏,不但毫不怪罪孙承恩,却为孙承恩义不卖弟的诚实行为所感动,顺治觉得孙承恩这人不但有才,而且有德。于是,手执朱笔,欣然把孙承恩点为状元。(《清十二帝疑案总说》)

开仓赈济

郑板桥,清朝人。曾任曹州县吏。"衙斋卧听萧萧竹,疑是民间疾苦声;些小吾曹州县吏,一枝一叶总关情。"这首题画小诗表达了郑板桥关心百姓的虔挚情感。乾隆十一年(1746年),郑板桥调任鲁东潍县知县。潍县北濒莱州湾,自然条件比范县好一些。但却遭连年灾荒,百姓卖儿鬻女,四处逃亡,饿殍遍野,民不聊生,挣扎在死亡线上。郑板桥到任后,经常微服私访,深入民间考察灾情。面对如此严重的灾情,郑板桥寝食难安,于是接连上书朝廷,要求开仓赈济,以救百姓于水火。而腐败的上层官吏和朝廷,却无动于衷;富户巨贾又趁火打劫,囤积居奇,高价售粮,致使"斗粟值钱千百"。在万般无奈中,郑板桥冒着丢官和杀头的危险,决定开仓赈济,让百姓持券借贷。板桥把自己的想法告诉县丞和典吏,想听听他们的意见。而同僚们却说,私开太仓犯刀剐之罪,千万不可操之过急,还是等上面批示下来后再做为好。板桥听了有点生气地说:"你们就怕自己丢脑袋,独不怕数万百姓丧生。……等一级一级把奏章报上去,再一级一级批下来,……到时百姓也就饿死得差不多了。边奏边赈由我作主,只要救得生民性命。上峰追究下来,千刀万剐由我一人承担。……传我之命,明日开仓,……按灾民名册,持券借贷。"后来,他又发现百姓根本无力偿还,为了不给百姓留下任何后患,郑板桥便将这些借券付之一炬。

出于对灾民的关心,郑板桥开仓赈济,却触犯了贪官污吏的直接利益,被诬告而遭罢官。在他离职时,只有三条毛驴,一是他自己乘坐,二是驮他的书籍、阮琴,另是他仆人乘的。可谓"两袖清风"、"一官归去来"。当时官场上的腐朽和黑暗,促使郑板桥下定了"扯碎状元袍,脱却乌纱帽"的决心,他愤然绝意宦途,重返扬州,以卖画为生。
(《清代七百名人传》)

- 下篇 -

名言

下篇 名 言

一、先秦名言

威仪棣棣,不可选也。(《诗经·邶风·柏舟》)

瓶之罄矣,维罍之耻。(《诗经·小雅·蓼莪》)

不醉反耻。(《诗经·小雅·宾之初筵》)

忠信,所以进德也。(周文王《周易·乾传》)

尺蠖之屈,以求信也。(周文王《周易·乾传》)

劳而不伐,有功而不德,厚之至也。(《周易·系辞上》)

君子上交不谄,下交不渎。(《周易·系辞下》)

以式法掌祭祀之戒具,与其荐羞。(周公旦《周礼·宰夫》)

共其笾荐羞之实。(周公旦《周礼·笾人》)

君子耻言而过其行。(孔子《论语·宪问》)

行己有耻,使于四方,不辱使命,可谓士矣。(孔子《论语·子路》)

宪问耻。子曰:邦有道,谷;邦无道,谷,耻也。(孔子《论语·子路》)

邦有道,贫且贱焉,耻也;邦无道,富且贵焉,耻也。(孔子《论语·泰伯》)

巧言、令色、足恭,左丘明耻之,丘亦耻之。匿怨而友其人,左丘明耻之,丘亦耻之。(孔子《论语·公冶长》)

有君子之道四焉:其行己也恭,其事上也敬,其养民也惠,其使民也义。(孔子《论语·公冶长》)

道之以政,齐之以刑,民免而无耻;道之以德,齐之以礼,有耻且格。(孔子《论语·为政》)

君子固穷,小人穷斯滥矣。(孔子《论语·卫灵公》)

君子求诸己,小人求诸人。(孔子《论语·卫灵公》)

君子不可小知而可大受也,小人不可大受而小知也。(孔子《论语·卫灵公》)

小不忍,则乱大谋。(孔子《论语·卫灵公》)

恭则不侮,宽则得众。(孔子《论语·阳货》)

色厉而内荏,譬诸小人,其犹穿窬之盗也与。(孔子《论语·阳货》)

君子义以为上,君子有勇而无义为乱,小人有勇而无义为盗。(孔子《论语·阳货》)

年四十而见恶焉,其终也已。(孔子《论语·阳货》)

人而无信,不知其可也。(孔子《论语·为政》)

君子坦荡荡,小人长戚戚。(孔子《论语·述而》)

不义而富且贵,于我如浮云。(《论语·述而》)

不降其志,不辱其身,伯夷、叔齐与!(孔子《论语·微子》)

士志于道,而耻恶衣恶食者,未足与议也。(孔子《论语·里仁》)

君子怀德,小人怀土;君子怀刑,小人怀惠。(孔子《论语·里仁》)

古者言之不出,耻躬之不逮也。(孔子《论语·里仁》)

君子喻于义,小人喻于利。(孔子《论语·里仁》)

事君数,斯辱矣;朋友数,斯疏矣。(孔子《论语·里仁》)

恭近于礼,远耻辱也。(孔子《论语·学而》)

克己复礼,则可以远耻辱。(孔子《论语·学而》)

非礼勿视,非礼勿听,非礼勿言,非礼勿动。(孔子《论语·颜渊》)

下篇 名言

内省不疚,夫何忧何惧?(孔子《论语·颜渊》)

忠告而善道之,不可则止,毋自辱焉。(孔子《论语·颜渊》)

君子耻其言而不见从,耻其行而不见随。(孔子《论语·尚书大传》)

衣敝缊袍,与衣狐貉者立,而不耻者,其由也与!(孔子《论语·子罕》)

知其荣,守其辱。(老子《道德经》)

使死者返生,生者不愧乎其信,则可谓信。(公羊高《公羊传·僖公十年》)

君子见人之厄则矜之,小人见人之厄则幸之。(公羊高《公羊传》)

玩人丧德,玩物丧志。(《尚书·周书·旅獒》)

不侈于后世,不靡于万物。(庄周《庄子·天下》)

君子之交淡若水,小人之交甘若醴。君子淡以亲,小人甘以绝。(庄周《庄子·大宗师》)

学而不能行,谓之病。(庄周《庄子·让王》)

不能其事而失其职者,必使有耻。(管子《管子·法禁》)

不为重宝轻号令,不为亲戚而后社稷,不为爱民枉法律,不为爵禄分威权。(管子《管子·法法》)

仓廪实而知礼节,衣食足而知荣辱。(管子《管子·牧民》)

礼义廉耻,国之四维,四维不张,国乃灭亡。(管子《管子·牧民》)

民富则安乡重家,安乡重家则敬上畏罪,敬上畏罪则易治。民贫则危乡轻家,危乡轻家则敢陵上犯禁,陵上犯禁则难治也。(管仲《管子·治国》)

俭,德之共,侈,恶之大也。（左丘明《左传·庄公二十四年》）

不藏贿,不纵欲。（左丘明《左传·昭公十三年》）

我不以贪为宝。（左丘明《左传·襄公十五年载子罕语》）

劳则思,思则善心生；逸则淫,淫则忘善,忘善则恶心生。（左丘明《国语·晋语下》）

苟信不继,盟无益也。（左丘明《左传·桓公十二年》）

逸则淫,淫则忘善,忘善则恶心生。（左丘明《国语·鲁语下》）

德不失民,度不失事。（左丘明《左传·襄公三十一年》）

必有忍,若能有济也。（左丘明《国语·周语》）

人生在勤,勤则不匮。（左丘明《左传·宣公十二年》）

有武德以羞为正卿。（左丘明《国语·晋语九》）

无作神羞。（左丘明《左传·襄公十八年》）

耻匹夫,不可以无备,况耻国乎！（左丘明《左传·昭公五年》）

可荐于鬼神,可羞于王公。（左丘明《左传》）

苟利社稷,死生以之。（左丘明《左传·昭公四年引子产语》）

临患不忘国。（左丘明《左传·僖公九年》）

明耻教战,求杀敌也。（左丘明《左传·僖公二十二年》）

多行不义,必自毙。（《左丘明左传·隐公元年》）

屈心而抑志兮,忍尤而攘诟。（屈原《离骚》）

利于国者爱之,害于国者恶之。（晏婴《晏子春秋·内篇·谏上七》）

当功以受赏,当罪以受罚。（吕不韦《吕氏春秋·高义》）

得贤人,国无不安,名无不荣；失贤人,国无不危,名无不辱。（吕不韦《吕氏春秋·求人》）

言行相诡,不详莫大焉。（吕不韦《吕氏春秋·淫辞》）

下篇名言

为机变之巧者,无所用耻焉。(孟子《孟子·告子下》)

恻隐之心,仁也。羞恶之心,义也。恭敬之心,礼也。是非之心,智也。(孟子《孟子·告子下》)

富贵不能淫,贫贱不能移,威武不能屈,此之谓大丈夫。(孟子《孟子·滕文公下》)

仁则荣,不仁则辱。今恶辱而居不仁,是犹恶湿而居下也。(孟子《孟子·公孙丑上》)

羞耻之心,义之端也。(孟子《孟子·公孙丑上》)

苟不志于仁,终身忧辱,以陷于死亡。(孟子《孟子·离娄上》)

人必自侮然后人侮之,家必自毁然后人毁之,国必自伐然后人伐之。(孟子《孟子·离娄上》)

仰不愧于天,俯不怍于人。(孟子《孟子·尽心》)

人不可无耻,无耻之耻,无耻矣。(孟子《孟子·尽心上》)

生亦我所欲也,义亦我所欲也;二者不可得兼,舍生而取义者也。(孟子《孟子·告子》)

呼尔而与之,行道之人弗受,蹴尔而与之,乞人不屑也。(《孟子·告子下》)

不挟长,不挟贵,不挟兄弟而友;友也者,有其德也,不可以有挟也。(孟子《孟子·万章下》)

俭节则昌,浮侈则亡。(墨子《墨子·节用下》)

劳则思,思则善心生;逸贪如火,不遏则燎原;欲如水,不遏则滔天。(韩非《韩非子》)

以俭得之,以奢失之。(韩非《韩非子·十过》)

侈而惰者贫,力而俭者富。(韩非《韩非子·显学》)

忘民不可谓仁义。(韩非《韩非子·难一》)

巧诈不如拙诚。（韩非《韩非子·说林上》）

崇人之德,扬人之美,非谄谀也。（荀子《荀子·不苟》）

用国者,得百姓之力者富,得百姓之死者强,得百姓之誉者荣。（荀子《荀子·王霸》）

有社稷者而不能爱民,不能利民,而求民之亲爱己,不可得也。（荀子《荀子·君道》）

君子能为可贵,而不能使人必贵己;能为可信,而不能使人必信己;能为可用,而不能使人必用己。故君子耻不修,不耻见污;耻不信,不耻不见信;耻不能,不耻不见用。是以不诱于誉,不恐于诽,率道而行,端然正己,不为物倾侧,夫是之谓诚君子。（荀子《荀子·非十二子》）

不知荣耻不能成人,荣辱之大分,安危利害之常态,先义而后利者荣,先利而后义者辱。（荀子《荀子·荣辱》）

荣者常通,辱者常穷;通者常制人,穷者常制于人。是荣辱之大分也。（荀子《荀子·荣辱》）

见其可欲也,则不虑其可恶也者,见其可利也,则不顾及可害也者。是以动则必陷,为则必辱,是偏伤之患也。（荀子《荀子·荣辱》）

以治情则利,以为名则荣,以群则和,以独则足,乐意者其是邪!（荀子《荀子·荣辱》）

材性知能,君子小人一也;好荣恶辱,好利恶害,是君子小人之所同也;若其所以求之之道则异矣。（荀子《荀子·荣辱》）

争饮食,无廉耻,不知是非,不辟死伤,不畏众强,牟牟然惟利饮食之见,是狗彘之勇也。（荀子《荀子·荣辱》）

将以为智邪？则愚莫大焉;将以为利邪？则害莫大焉;将以为荣邪？则辱莫大焉;将以为安邪？则危莫大焉。（荀子《荀子·荣辱》）

下篇 名言

为尧、禹则常安荣,为桀、跖则常危辱;为尧、禹则常愉佚,为工匠、农贾则常烦劳。(荀子《荀子·荣辱》)

今是人之口腹,安知礼义?安知辞让?安知廉耻、隅积?亦呻呻而噍、乡乡而饱已矣。(荀子《荀子·荣辱》)

物类之起,必有所始;荣辱之来,必象其德。(《荀子·劝学篇》)

天地为大矣,不诚则不能化万物;圣人为知矣,不诚则不能化万民;父子为亲矣,不诚则疏;君上为尊矣,不诚则卑。夫诚者,君子之所守也,而政事之本也,唯所居以其类至。(荀子《荀子·不苟》)

见侮而不斗,辱也。(公孙龙《公孙龙子》)

君子贵人而贱己,先人而后己。(戴圣《礼记·坊记》)

口惠而实不至,怨灾及其身。(戴圣《礼记·表记》)

君子不失足于人,不失色于人,不失口于人。(戴圣《礼记·表记》)

君子耻服其服而无其容,耻有其容而无其辞,耻有其辞而无其德,耻有其德而无其行。(戴圣《礼记·表记》)

恭以远耻。(戴圣《礼记·表记》)

惟口启羞。(戴圣《礼记·缁人》)

君子诚之问贵。(戴圣《礼记·中庸》)

唯天下至诚,为能尽其性。(戴圣《礼记·中庸》)

好学近乎知,力行近乎仁,知耻近乎勇。(戴圣《礼记·中庸》)

苟利国家,不求富贵。(戴圣《礼记·儒行》)

儒有可亲而不可劫也,可近而不可迫也,可杀而不可辱也。(戴圣《礼记·儒行》)

君不使无耻。(谷梁赤《谷梁传·襄公二十九年》)

二、秦汉名言

人固有一死,或重于泰山,或轻于鸿毛。(司马迁《报任少卿书》)

吾羞,不忍为之下。(司马迁《史记·廉颇蔺相如列传》)

夫德不优者,不能怀远;才不大者,不能博见。故多闻博识,无顽鄙之訾;深知道术,无浅暗之毁也。(王充《论衡·别通》)

处逸乐而欲不纵,居贫苦而志不倦。(王充《论衡·自记》)

誉人不增其美,毁人不益其恶。(王充《论衡·艺增》)

谗言伤善,青蝇污白。(王充《论衡·商虫》)

天地之所贵者人也,圣人之所尚者义也,德义之所成者智也,明智之所求者学问也。(王符《潜夫论·赞学》)

不以私善害公法。(刘向《说苑·理政》)

君子之言,寡而实;小人之言,多而虚。(刘向《说苑·说丛》)

人皆知以食愈饿,莫知以学愈愚。(刘向《说苑·建本》)

惟学问可以广明德慧。(刘向《说苑·建本》)

恶小耻者,不能立荣名。(刘向《战国策》)

卑贱贫穷,非士之耻也。(刘向《说苑·立节》)

不以私善害公法。(刘向《说苑·政理》)

临官莫若平,临财莫若廉。(刘向《说苑·政理》)

人背信则名不达。(刘向《说苑·君道》)

诚无垢,思无辱。(刘向《说苑·敬慎》)

孔子谓曾子曰:君子不以利害义,则耻辱安从生哉!(刘向《新序》)

无以淫逸弃业,无以贫贱自轻;无以所好害身,无以嗜欲妨生;无

以奢侈为名,无以富贵骄盈。(刘向《说苑·说丛》)

毒智者莫甚于酒,留事者莫甚于乐,毁廉者莫甚于色。(刘向《说苑·说丛》)

祸生于欲得,福生于自禁。(刘向《说苑·说丛》)

祸生于懈惰。(韩婴《韩诗外传》卷八)

杀身无益,适足增羞。(李陵《答苏武书》)

心如规矩,志如尺衡,平静如水,正直如绳。(严遵《道德指归论之一》)

圣人慎防其端,禁于未然,不以私恩害公义。(班固《汉书·匡衡传》)

不汲汲于富贵,不戚戚于贫贱。(班固《汉书·扬雄传》)

常玉不琢,不成文章;君子不学,不成其德。(班固《汉书·董仲舒传》)

贱而好德者尊,贫而有义者荣。(贾谊《新语·本行》)

不以奢为乐,不以廉为悲。(刘安《淮南子·原道训》)

小人之誉人,反为损。(刘安《淮南子·说山训》)

民无廉耻,不可治也;非修礼义,廉耻不立。(刘安《淮南子·泰族训》)

君子恩义而不虑利,小人贪利而不顾义。(刘安《淮南子》)

人必其自爱也,而后人爱诸;人必其自敬也,而后敬诸。(扬雄《法言·君子》)

不患位之不尊,而患德之不崇;不耻禄之不伙,而耻智之不博。(张衡《应问》)

耻,辱也。(许慎《说文》)

羞,进献也。从羊,羊所进也。(许慎《说文》)

三、魏晋南北朝名言

内不愧心,外不负俗。(嵇康《卜疑集》)

君子之交人也,欢而不媒,和而不同,好而不佞诈,学而不虚行,易亲而难媚,多怨而寡非。故无绝交,无畔朋。(徐干《中论·法象》)

勿以身贵而贱人,勿以独见而违众,勿恃功能而失信。(诸葛亮《诸葛亮集》)

为政以安民为本,不以修饰为先。(诸葛亮《诸葛武侯集·又称蒋琬》)

才须学也。非学无以广才,非志无以成学。(诸葛亮《诫子书》)

夫君子之行,静以修身,俭以养德,非淡泊无以明志,非宁静无以致远。(诸葛亮《诫子书》)

名编壮士籍,不得中顾私。捐躯赴国难,视死忽如归。(曹植《白马篇》)

闲居非吾忘,甘心赴国忧。(曹植《杂诗》之五)

国仇亮不塞,甘心思丧元。(曹植《杂诗》之五)

忧国忘家,捐躯济难,忠臣之志也。(曹植《求自试表》)

见利不亏其义,见死不更其守。(王肃《孔子家语·儒行解》)

君子以行言,小人以舌言。(王肃《孔子家语·颜回·孔子语》)

苟使国家有利,吾何避死乎?(陈寿《三国志·魏书·古弼传》)

人谁不死?死国,忠义之大者。(陈寿《三国志·魏书·杨阜传》)

勿以恶小而为之,勿以善小而不为。惟贤惟德,能服于人。(陈寿《三国志·蜀书·先主传》)

下篇 名 言

俭开福源,奢起贫兆。(陈寿《三国志·魏书·李彪传》)

推恋恋忠赤之情,尽家家肝脑之计。(陈寿《三国志》)

不饱食以终日,不弃功于寸阴。(葛洪《抱朴子·劝学》)

食不过绝,欲不过多,冬不极温,夏不极凉。(葛洪《抱朴子》)

让爵辞禄,以钓虚名,则不如本无让也。(葛洪《抱朴子·诘鲍篇》)

宽以爱人,则得众;悦以使人,则下附。(葛洪《抱朴子·外篇·用刑》)

祸莫大于无信。(傅玄《群书治要》)

德比于上故知耻,欲比于下故知足。耻而知之则圣贤其可几;知足而已,则固陋其可安也。(傅玄《傅子·仁论》)

明耻教战,振古常轨。(魏收《魏书·张普惠传》)

习闲成懒,习懒成病。(颜之推《颜氏家训》)

君子若能听言如响,从善如流,则身安南山,德茂松柏,声振金石,名流千载也。(刘昼《刘子·贵言》)

轻身本为国,重气不关私。(陈江晖《雨雪曲》)

奢则不逊,俭则固,奢俭之中,以礼为界。(范晔《后汉书·马融传》)

吾受厚恩,年迫日索,常恐不能死国事。(范晔《后汉书·马援传》)

男儿要当死于边野,以马革裹尸还葬耳,何能卧床上在儿女手中邪。(范晔《后汉书·荀悦列传》)

得失一朝,而荣辱千载。(范晔《后汉书·荀悦列传》)

为人有大志,不修细节。然内孝谨,居家常执勤苦,不耻劳辱。有口辩,而涉猎书传。(范晔《后汉书·班梁列传》)

大丈夫处世,当扫除天下,安事一室乎。(范晔《后汉书·陈蕃传》)

四、隋唐名言

爱名尚利,小人哉!未见仁者而好名利者也。(王通《文中子·问易》)

辱,莫大于不知耻。(王通《文中子·关朗》)

君子可招而不可诱,可弃而不可慢。(王通《文中子·礼乐》)

君子不责人所不及,不强人所不能,不苦人所不好。(王通《文中子·魏相》)

不勤不俭,无以为人上也。(王通《中说·关朗篇》)

俭为德之恭,侈为恶之大。(令狐德棻《周书》)

好事须相让,恶事莫相推。(王梵志《好事须相让》)

君子扬人之善,小人讦人之恶。(吴兢《贞观政要·论公平》)

克俭节用,实弘道之源;崇侈恣情,乃败德之本。(吴兢《贞观政要·规谏太子》)

奢侈者可以为戒,节俭者可以为师。(吴兢《贞观政要·俭节》)

损百姓以奉其身,犹割股以啖腹,腹饱而身毙。(吴兢《贞观政要·论君道》)

宁可玉碎,不能瓦全。(李百药《北齐书·元景安列传》)

丈夫贵兼济,岂独善一身。(白居易《新制布裘》)

名为锢身锁,利是焚身火。(白居易《赠诸少年》)

奢侈之费,甚于天灾。(房玄龄《晋书》)

当官者能洁身修己,然后在公之节乃全。(房玄龄《晋书·良吏

列传》）

不为五斗米折腰。（房玄龄《晋书·陶潜传》）

君子不以所能者病人，不以人之不能者愧人。（马总《总林》）

国耻未雪，何由成名？（李白《独漉篇》）

荣辱之责，在乎己而不在乎人。（魏征《大体》）

傲不可长，欲不可纵，乐不可极，志不可满。（魏征《十三轿不忘终疏》）

伏波唯愿裹尸还，定远何须生入关。（李益《塞下曲》）

每愤胡兵入，常为汉国羞。（陈子昂《感遇诗三十八首》）

荣必以天下容，耻必以天下耻。（僧齐己《君子行》）

胜败兵家不可期，包羞忍辱是男儿。江东子弟多才俊，卷土重来未可知。（杜牧《题乌江亭》）

莫言名与利，名利是身仇。（杜牧《不寝》）

五、宋元名言

君子有偶为小人所困抑，若自反无愧怍，于我何损？又安知其不为进德之助欤？（何坦《西畴老人常言》）

能忍耻者安，能忍辱者存。（潘自牧《记纂渊海》卷四二）

死辱片时痛，生辱长年羞。（潘自牧《记纂渊海·知耻》）

君子有五耻，居其位，无其言，无其行，君子耻之。（潘自牧《记纂渊海·知耻》）

君子虽贫，不受乱君之禄。（潘自牧《记纂渊海·知耻》）

廉耻，立人之大节。盖不廉则无所不取，不耻则无所不为。人而如此，则祸败乱亡亦无所不至。（薛居正《五代史·冯道传论》）

衣冠不整,谓之外惰。行义不修,谓之内惰。内外俱惰,何人不唾。(邵雍《击壤集·内外吟》)

天资美不足为功,惟矫恶为善,矫惰为勤,方是为功。(张载《经学理窟·气质》)

挤人者人挤之,侮人者人侮之。(张载《正蒙·有德篇》)

君子之处世也,甘恶衣粗食,甘艰苦劳动斯可以无失矣。(颜元《颜李遗书·颜习斋先生年谱》)

廉者,民之表也;贪者,民之贼也。(包拯《乞不用脏吏》)

不以一毫私意自蔽,不以一毫私欲自累。(朱熹《四书集注中庸第二十七章》)

以责人之心责己,恕己之心恕人,不患不到圣贤地位。(朱熹《范纯仁语》)

谋不忠,则欺于人;交不信,则欺于友;传不习,则欺于己欺于师。(朱熹《答吕子约》)

惟俭可以助廉,惟恕可以成德。(朱熹《宋名臣言行录》)

见善必为,闻恶必去。(朱熹《答林伯和》)

羞,耻己之不善也;恶,憎人之不善也。(朱熹《孟子集注》)

人有耻,则能有所不为。(朱熹《朱子语类》卷十三)

耻者,吾所固有羞恶之心也。有之则进与圣贤,失之则入于禽兽,故所系甚大。(朱熹《孟子集注》)

夫有罪无罪,在我而已,岂以自外至者为荣辱哉?(朱熹《四书章句集注》)

后世且行之而不知以为耻者多矣。(刘开《问说》)

人生自古谁无死,留取丹心照汗青。(文天祥《过零丁洋》)

国家之事,焉可顾私!(司马光《资治通鉴·陈纪》)

下篇名言

由俭入奢易,由奢入俭难。(司马光《训俭示廉》)

廉者足而不忧,贪者忧而不足。(司马光《资治通鉴·后梁纪》)

丈夫一言许人,千金不易。(司马光《资治通鉴》)

俭则寡欲,侈则多欲。君子多欲则贪慕富贵,枉道速祸。(司马光《司马温公集·训俭示康》)

荡而无度,将以自败。(司马光《司马温公集·投壶新格》)

生而不知学,与不生同;学而不知道,与不学同;知而不能行,与不知同。(黄晞《聱隅子》)

国之命,如人之命。人之命在元气,国之命在人心。(杨万里《壬辰轮时第一札子》)

不利于私,必利于公。公与私不两胜,利与害不两能。(杨万里《代萧岳英上宰相书》)

贤者不悲其身之死,而忧其国之衰。(苏洵《管仲论》)

躁则妄,惰则废。既妄且废,则天下之所以不治者,常出于此,而不足怪。(苏轼《凤鸣驿记》)

小恶不容于乡,大恶不容于国。(苏轼《策别安万民六》)

苟非吾之所有,虽一毫而莫取。(苏轼《赤壁赋》)

己好则好之,己恶则恶之,以是自信则惑也。(苏轼《上曾丞相书》)

不以私爱害公义。(苏辙《论侯少欠酒课以抵当子利充填札子》)

天下之事,常成于困约,而败于奢靡。(陆游《放翁家训》)

国仇未报壮士老,匣中宝剑夜有声。(陆游《长歌行》)

壮心未与年俱老,死去犹能作鬼雄。(陆游《书愤》)

千年史策耻无名,一片丹心报天子。(陆游《金错刀行》)

丈夫可为酒色死,战场横尸胜床笫。(陆游《前有樽酒行》)

江河不洗古今恨,天地能知忠义心。(陆游《剑南诗稿·王给事饷玉友》)

位卑未敢忘忧国。(陆游《病起书怀》)

奢,则妄取、苟取,志气卑辱。一从俭约,则于人无求,于己无愧。(罗大经《鹤林玉露》)

愿将血泪寄河山,去洒东山一抔土。(李清照《上枢密韩肖胄诗》)

自谋不诚,则欺心而弃己;与人不诚,则丧德而增怨。(杨时《二程粹言·论学》)

诚无悔,恕无怨,和无仇,忍无辱。(林逋《省心录》)

轻诺者信必寡,面誉者背必非。(林逋《省心录》)

和以处众,宽以待下,恕以待人,君子也。(林逋《省心录》)

轻财足以聚人,律己足以服人,量宽足以得人,身先足以率人。(林逋《省心录》)

知足而不贪,知节而不淫,无沽名之心而不求功,亦庶几乎欲可窒也。(林逋《省心录》)

饱肥甘,衣轻暖,不知节者损福;广积聚,骄富贵,不知止者杀身。(林逋《省心录》)

知足则乐,务贪必忧。(林逋《省心录》)

不知足者好学,耻下问者自满。(林逋《省心录》)

好胜者必争,贪勇者必辱。(林逋《省心录》)

私心胜者,可以灭公。(林逋《省心录》)

忠信廉洁,立身之本,非钓名之具也。(林逋《省心录》)

诚无悔,恕无怨,和无仇,忍无辱。(林逋《省心录》)

毁誉杂至,观其事则毁誉明;善恶混淆,公其心则善恶判。(林逋

下篇名言

《省心录》)

廉者憎贪，信者疾伪。(欧阳修《新唐书·陈子昂传》)

忧劳可以兴国，逸豫可以亡身。(欧阳修《五代史伶官传序》)

尔心贵正，正则不敢私。(欧阳修《三年无改问》)

奢靡之始，危亡之渐。(欧阳修《新唐书》)

令在必信，法在必行。(欧阳修《司门员外郎李公谨等磨勘改管制》)

能守节者始可制奸赃之吏，镇豪猾之人，法乃不私，民则无枉。(范仲淹《治体·答手诏条陈十事》)

好名好利，均为失德。(俞文豹《吹剑录·外集》)

忠者不饰行以徼荣，信者不食言以从利。(王安石《辞同修起居注状·第四状》)

名利如锦覆陷阱，使人贪而堕其中。(陆九渊《陆九渊集·语录上》)

人惟知所贵，然后知所耻。(陆九渊《陆九渊集·人不可以无耻》)

人不善之不可为，非有所甚难知也。(陆九渊《陆九渊集·人不可以无耻》)

而至于甘为不善而不改之者，是无耻也。(陆九渊《陆九渊集·人不可以无耻》)

君子义以为质，得义则重，失义则轻，由义为荣，背义为辱。(陆九渊《与郭邦逸》持节)

夫人之患莫大乎无耻，人而无耻，果何以为人哉？(陆九渊《陆九渊集·人不可以无耻》)

自立自重，不可随人脚跟，学人言语。(陆九渊《陆象山语录》)

必有耻,则可教。(周敦颐《通书·幸》)

诚者,圣人之本,百行之源也。(周敦颐《通书》)

人之生,不幸,不闻过;大不幸,无耻。必有耻,则可教;闻过,则可贤。(周敦颐《通书·幸》)

有其德,无其位,君子安之;有其位,无其功,君子耻之。(胡宏《胡子之言》)

懈意一生,即为自弃。(程颢、程颐《二程全书》)

利者,众人所同欲也。专欲利己,其害大矣。贪之甚则错蔽而忘理义,求之极则争夺而至怨。(程颢、程颐《二程集·粹言·论学》)

贵善之道,要使诚有余而言不足,则于人有益而在我者无辱矣。(程颢、程颐《二程集·畅潜道录》)

进学不诚则学杂,处事不诚则事败,自谋不诚则欺心而弃己,与人不诚则丧德而增怨。(程颢、程颐《二程集·粹言·论学》)

富贵不淫贫贱乐,男儿到此是豪雄。(程颢《明道文集》卷一)

耻不知而不问,终于不知而已。(程颢、程颐《二程集·粹言·论学》)

教人,使人必先知有耻,无耻则无所不为。既知耻,又须养护知耻之心,督责之使有所畏,荣耀之使有所慕。(许衡《许文正公遗书》)

顾私恩而违公义,非所以结天下之心也。(脱脱等《宋史·吕大防列传》)

孔曰成仁,孟曰取义。唯其义尽,所以仁至。读圣贤书,所学何事?而今而后,庶几无愧!(脱脱等《宋史纪事本末》卷二十八)

六、明清名言

侮人还自侮,说人还自说。(冯梦龙《警世通言》)

不忠不信,何以立于天地之间。(冯梦龙《东周列国志》)

君子虽在他乡,却不忘养育他的祖国。(冯梦龙《东周列国志》)

自高无卑,无卑则危;自大无众,无众则孤。(李梦阳《空同子·论学下篇》)

不要人夸颜色好,只留清气满乾坤。(王冕《墨梅》)

赏及淫人,则善者不以赏为荣;罪及善者,则恶者不以罚为辱。(吕坤《呻吟语·刑法》)

处身不妨于薄,待人不妨于厚;责己不妨于厚,责人不妨于薄。(吕坤《呻吟语·修身》)

言语之恶,莫大于造诬;行事之恶,莫大于苛刻;心术之恶,莫大于深险。(吕坤《呻吟语·修身》)

自私自利之心,是立人达人之障。(吕坤《呻吟语·应务》)

肯替别人想,是第一等学问。(吕坤《呻吟语·应务》)

实言、实行、实心,无不孚人之理。(吕坤《呻吟语·应务》)

名心盛者必作伪。(吕坤《呻吟语·修身》)

五刑不如一耻。(吕坤《呻吟语·治道》)

"懒惰"二字,立身之贼也。千德万业,日怠废而无成;千罪万恶,日横姿而无制,皆此二字为之。(吕坤《呻吟语·修身》)

"专欲难成,众怒难犯。"此八字者,不独妄动邪为者宜慎,虽以至公无私之心,行正大光明之事,亦须调济人情,发明事理。(吕坤《呻吟语·应事》)

俭则约,约则百善俱兴,侈则肆,肆则百恶俱纵。(吕坤《呻吟语·存心》)

人一生大罪过,只在"自是自私"四字。(吕坤《呻吟语·修身》)

大丈夫以信义为重。(罗贯中《三国演义》)

人不自重,斯召侮矣。不自强,斯召辱矣。(薛应旗《薛方山纪述》)

不以誉喜,不以毁怒。(海瑞《令箴》)

读书成底事,报国是何人?耻见干戈里,荒城梅又春!(郑思肖《德佑二年岁旦》)

人需俭约自持,不可恃产浪费。(姚舜牧《药言》)

勤俭富贵之本,懒惰贫贱之苗。(史襄哉《中华谚海》)

人无元气则死,国无元气则亡。(王文禄《海沂子·真气论》)

君子之为君子也,一人死而万人寿,一人痛而万人愈,一人忧而万人乐,一人劳万人逸。(庄元臣《叔苴子内篇》卷五)

人只一念贪私,便销刚为柔,塞智为昏变恩为惨,染洁为污,坏了一生人品。(洪应明《菜根谭》)

信人者,人未必尽诚,己则独诚矣;疑人者,人未必皆诈,己则先诈矣。(洪应明《菜根谭》)

贪得者身富而心贪,知足者身贫而富;居高者形逸而神劳,处下者形劳而心逸。(洪应明《菜根谭》)

蠖屈求伸,非终于屈居,龙潜或跃,匪固于潜。是故勾践事吴,乃成姑苏之举;夷吾佐霸,曷问槛车之嫌。(刘基《诚意伯刘文成公集》)

处贵而骄,败之端也;处富而奢,衰之始也。去骄惩奢,其惟恭俭乎!(钱琦《钱公良测语·规世》)

不好名者,斯不好利;好名者,好利之尤者也。(钱琦《钱公良测语·导儒》)

称人之善,多过其实,不失为君子;扬人之恶,或损其真,宁免为小人。(钱琦《钱公良测语·淳风》)

人之谤我也,与其能辩,不如能容;人之侮我也,与其能防,不如能化。(史典《愿体集》)

自古奇人伟士,不屈折于忧患,则不足以成其学。(方孝孺《答许廷慎书》)

身不正,不足以服;言不诚,不足以动。(徐祯稷《耻言》)

离家自是寻常事,报国惭无尺寸功。(于谦《春喀怀》)

名节重泰山,利欲轻鸿毛。(于谦《无题》)

节俭朴素,人之美德;奢侈华丽,人之大恶。(薛瑄《读书录·警戒》)

人所以千病万病,只为自己,故计较万端。虽曰有人之形,其实与禽兽奚以异。(薛瑄《读书录》卷三)

自古未有逆民心而得天下者。(薛瑄《读书录》卷三)

大丈夫以正大立心,以光明行事终不为邪暗小人所惑,而易其所守。(薛瑄《读书录》卷四)

人人好公,则天下太平;人人营私,则天下大乱。(刘鹗《老残游记》第九回)

善恶昭彰,如影随形。(李汝珍《镜花缘》)

为政者,廉以洁己,慈以爱民。(王夫之《读通鉴论》卷十九)

天下兴亡,匹夫有责。(吴趼人《痛史》第十回)

四万万人齐下泪,天涯何处是神州。(谭嗣同《有感》)

士无求用于世,惟求无愧于世。(何良俊《语林·语言下》)

俭则足用,俭则寡求,俭则可以成家,俭则可以立身。(陈梦雷《古今图书集成·家范典》)

忍辱从来事可成,英雄盖世枉伤神。但知父老羞重见,不记淮阴胯下人。(何士颙《项羽》)

骄纵生于奢侈,危亡起于细微。(张廷玉《明史·后妃列传》)

懒散二字,立身之贱也,千德万业,日怠废而无成;千罪万恶,日横欲而无制,皆此二字为之。(尹会一《吕语集粹》)

精神爽奋,则百废俱兴;肢体怠驰,则百兴俱废,圣人之治天下,鼓舞人心,振作士气,务使天下之人,如含露之朝叶,不欲久旱之禾苗。(尹会一《吕语集粹》)

贪利者害己,纵欲者戕生。(金缨《格言联璧·悖凶》)

勿施小惠伤大体,勿借公道遂私情。(金缨《格言联璧·持躬》)

使人有面前之誉,不若使人无背后之毁。(金缨《格言联璧·悖凶》)

执法如山,守身如玉,爱民如子,去蠹如仇。(金缨《格言联璧》)

充一个公己公人心,便是吴越一家;任一个自私自利心,便是父子仇雠。(金缨《格言联璧·悖凶》)

博弈之交不终日,饮食之交不终月,势利之交不终年,惟道义之交,可以终身。(金缨《格言联璧·接物》)

居官者自立莫若廉,养廉莫若俭。(张伯行《困学录集粹》卷二)

将天下正大的道理去置事,便公;以自家私意去处之,便私。(张伯行《朱子语类辑略·论治道》)

行事须正大光明,存心如青天白日。司马温公曰:吾生平所为,无不可对人言者,此是做人要诀。(张伯行《困学录集粹卷》四)

居官以廉为本。故见理明,则不妄取;爱名节,则不苟取;畏法

律,则不敢取。虽有安勉之不同,皆可以谓之廉。(张伯行《困学录集粹》卷四)

宁向直中取,不向曲中求。(周希陶《增广贤文》)

心可逸,形不可不劳;道可乐,身不可不忧。形不劳则怠惰易弊,身不忧则荒废不立。故逸生于劳而常休,乐生于忧而无厌。(张鸣珂《景行录》)

夺天下之功利,徇一己之私利,是谓国贼。(黄宗羲《明夷待访录·原君》)

不以一己之利为利,而使天下受其利;不以一己之害为害,而使天下释其害。(黄宗羲《明夷待访录·原君》)

小人好恶以己,君子好恶以德。(黄宗羲《宋元学案》)

自恃其聪与敏而不学者,自败者也。(彭端淑《为学》)

学者肯实去做功夫是学。如学耕,须去习耕;学医,须去习医;中心悦而安之。(张履祥《杨园先生全集·备忘四》)

人之与我同者,吾不可不知其短;人之与我异者,吾不可不知其长;人之与我偕者,吾固厚以结之;人之与我有隙者,吾亦宽以容之。(左宗棠《左宗棠全集·书牍》)

处天下事,当以天下之心出之。(左宗棠《左宗棠全集书牍》第十四册)

誉人之言太滥不可,责人之言太尽不可,一事虽不畅意,日后亦无悔心。含蓄之妙不可不知。(石成金《传家宝》)

攻人之过勿太严,要思想堪受;教人以善勿过高,要令其可从。(李惺《西沤外集·冰言补》)

合群明分,则足以御他族之侮;涣志离德,则帅天下而路。(章太炎《章太炎全集·菌说》)

人不专私其利,则积一人之智力以为一群之智力,而吾之群强。(严复《严复诗文选·国闻报缘起》)

立意说谎人亦少,多因一时要说得好听,但便出无数虚诞。(魏禧《魏叔子文集·日录》)

古之仕者,以官行其义,不以利冒其官。古之君子,耻得之而弗能治,不耻能治而弗得也。(梁章钜《古格言·仕进》)

可以与人终日而不倦者,其惟学乎?其身体不足观也,其勇力不足惮也,其先祖不足称也,其族姓不足道也,然而可以闻于四方而昭于诸侯者,其惟学乎?(梁章钜《古格言·学殖》)

行罚先贵近而后远卑,则令不犯。行赏先卑远而后贵近,则功不遗。(梁章钜《古格言·治术》)

俭之一字,其意有三:安分于己,无求于人,可以养廉;减我身心之奉,以周济极苦之人,可以广德;忍不足于目前,留有余于他日,可以福后。(马辉《简通录》)

自奉必须俭约,宴客切勿留连。器质而洁,瓦缶胜金玉;饮食约而精,园蔬愈珍馐。(朱伯庐《治家格言》)

傲骨不可无,傲心不可有。无傲骨则近于鄙夫,有傲心不得为君子。(张潮《幽梦影》)

世人用财,贵明义理。加厚于根本,虽千金不为妄费;浪用于无益,即一金已属奢侈。(唐彪《人生必读书》)

丈夫无国更何家。(陈恭尹《哭王础尘》)

半壁江山埋碧血,一生功业痛黄龙。(徐自华《岳武穆王墓》)

军歌应唱大刀环,誓灭胡奴出玉关。只解沙场为国死,何须马革裹尸还。(徐锡麟《出塞诗》)

养身莫善于动。夙兴夜寐,振起精神,寻事去作。行之有常,并

不困疲,日益精壮。(颜元《颜习斋先生言行录》)

啬于己不啬于人,谓之俭;啬于人不啬于己,谓之吝。(钱大昕《十驾斋养新录俭》)

先正有言:"习闲成懒,习懒成病。"人之精神,亦须时时鼓舞,方能自强。(汪汲《座右铭续编》)

公、私两字,是宇宙人鬼关。(汪汲《座右铭类编·政治》)

不可假公报私仇,亦不可假公报私德。(汪汲《座右铭类编·政治》)

天下最无用者,无志之俗学、因循之庸夫。(汪汲《座右铭类编·学识》)

学于圣人,斯为贤人;学于贤人,斯为君子。学于众人,斯为圣人。(章学诚《文史通义·原道上》)

贫莫贫于不闻道,贱莫贱于不知耻。(李西沤《药言剩稿》)

人一无耻,便如病者闭喉,虽有神丹,不得入腹矣。(盛隆《人范须知》)

平日讲得义理明白,又须看得贵重,方能有耻。凡人坏念将起时,只觉得可耻,便有转机。(盛隆《人范须知》)

护体面,不如重廉耻。(盛隆《人范须知》)

人不忘廉耻,立身自不卑污。(王永彬《围炉夜话》)

贫贱非辱,贫贱而谄求於人者为辱;富贵非荣,富贵而利济於世者为荣。(王永彬《围炉夜话》)

士而不先言耻,则为无本之人。(顾炎武《日知录·廉耻》)

不受曰廉,不污曰清。盖无廉则无所不取,无耻则无所不为。不廉其源皆生于无耻也。(顾炎武《知耻录》)

礼义,治人之大法;廉耻,立人之大节。盖不廉则无所不取,不耻则无所不为。人而如此,则祸败乱亡,亦无所不至。况为大臣,而无所不取,无所不为,则天下其有不乱,国家其有不亡者乎!然而四者之中,耻尤为要。(顾炎武《日知录·廉耻》)

礼义廉耻,国之四维,四维不强,国乃灭亡。善乎管生之能言也。然而四者之中,耻尤为要。人之不廉,而至于悖礼犯义,其原皆生于无耻也。故士大夫之无耻,是谓国耻。(顾炎武《日知录·廉耻》)

士皆知有耻,则国家永无耻矣。士不知耻,为国之大耻。(龚自珍《明良论二》)

国以民为本,不思养之,是自拔其本也。(康有为《自由书·成败》)

凭将士气扶中夏,泪洒山河对北风。(康有为《人生格言》)

深入人心,得之则荣,失之则辱。(康有为《政论集》)

一耻无志。志于富贵,不志于仁义,可耻也。二耻循俗。于风气,不能卓立,可耻也。三耻鄙吝。……凡鄙吝者,天性必薄,为富不仁,可耻也,宜拔其根。四耻懦弱。曾子以懦弱为庸人,见义不为,可耻也。(康有为《长兴学记》)

人必有耻而后能上。(康有为《论语注》)

耻,治者之大端。(康有为《论语注》)

孔子论士,贵行己有耻;论治,贵有耻且格。人之有所不为,皆赖有耻心,如无耻心,则无事不可为矣。风俗之美,在养民知耻。耻者,治教之大端。(康有为《孟子微·卷六》)

天下弊病,生于惰也。(曾国藩《曾文正公全集》)

大陆山河若破碎,巢覆完卵难为功。(梁启超《去国行》)

万恶懒为首。(梁启超《饮冰室合集》)

凡学问有一个要件,要能"传与其人"。人类文化所以能成立,全由于一人的知识能传给多数人,一代的知识能传给次代。(梁启超《科学精神与东西文化》)

人巧奋,地力尽。(谭嗣同《谭嗣同全集仁学一》)

死生一事付鸿毛,人生到此方英杰。(秋瑾《宝剑歌》)

拼将十万头颅血,须把乾坤力挽回。(秋瑾《宝剑歌》)

成败利钝不计较,但持铁血报祖国。(秋瑾《宝剑歌》)

苟利国家生死以,岂因祸福避趋之。(林则徐《赴戍登程口占示家人》)

七、近现代名言

各出所学,各尽所知,使国家富强不受外侮,足以自立于地球之上。(詹天佑《詹天佑和中国铁路》)

食言背誓,何以御民。(蔡锷《蔡锷集》)

国之不存,身将焉托?(蔡锷《蔡锷集·讨袁通电》)

爱国如命,见义勇为。(蔡锷《蔡锷集·致柏文蔚电》)

中国自古以来,就有埋头苦干的人,就有拼命硬干的人,就有为民请命的人,就有舍身求法的人。——他们是中国的脊梁。(鲁迅《且介亭杂文》)

爱国者的话是最有价值的。(鲁迅《华盖集·论辩的灵魂》)

盖科学方法,非仅仅应用于所研究之学科而已,乃至一切事物,苟非凭借科学,明辨慎思,实地研究,详靠市博证,即有所得,亦为偶中;其失者无论矣。(蔡元培《蔡元培全集》第五卷)

其为国为公,则天下从之;其为己为私,则天下弃之。(孙中山

《规复约法宣言》)

一切自私自利者,都常以损人始而以害己终。违背群众利益的人是永远不会有好下场的。(吴玉章《从甲午战争到辛亥革命的回忆》)

以吾人数十年必死之生命,立国家亿万年不死之根基,其价值之重可知。(孙中山转引《华报》)

无论何种国民,生于何国,皆但有其国,治其国,享其国,而成为独立。自由之国民,此乃天经地义,责无旁贷者也。(孙中山《在广西阳朔人民欢迎会的演说》)

吾以身许国,久无权利之志,义务实不容辞。(孙中山《复唐继尧电》)

做人的最大事情就是要知道怎样爱祖国。(孙中山《孙中山全集》)

重于利己者,每每出于害人亦有所不惜。(孙中山《三民主义·民权主义》)

钊自束发受书,即矢志于再兴民族之事业。(李大钊《李大钊全集》)

我觉得人生求乐的方法,最好莫过于尊重劳动。一切乐境,都可由劳动得来,一切苦境都可由劳动解脱。(李大钊《现代青年活动的方向》)

凡事都要踏踏实实去做,不驰于空想,不鹜于虚声,而惟以求真的态度做塌实的工夫。以此态度求学,则真理和明,以此态度做事,则功业可就。(李大钊《李大钊全集》)

惟贪与惰,实为万恶之源。(李大钊《李大钊全集》)

恨不抗日死,留做今日羞。国破尚如此,我何惜此头。(吉鸿昌

下 篇 名 言

《新义诗》》

忧国耻为睁眼瞎,挺身甘上断头台。(熊亨瀚《革命烈士诗抄》)

天下未有不恒而能成,不信而能得人者。(恽代英《社会性之修养》》)

天下作伪是最苦恼的事情,老老实实是最愉快的事情。(邹韬奋《韬奋文集》》)

假使能使中华民族得到既然解放,那我又何惜于我这一条蚁命!(方志敏《可爱的中国》》)

如果我能生存,那我生存一天就要为祖国呼喊一天。(方志敏《可爱的中国》》)

不出国不知道想家的滋味,但是,不要误以为我想的是狭义的"家"。不是,我想的是中国的山川,中国的草木,中国的鸟兽,中国的屋宇,中国的人。(闻一多《闻一多全集》》)

贪欲之人,无有厌足。(弘一大师《修行法语》》)

捧出一颗丹心,献于亿兆生灵。(陶行知《行知诗歌集·不投降歌》》)

一个科学技术工作者,如果他抱定了为社会主义祖国的富强、为人类幸福前途服务的崇高目的,在工作过程中,不断攻破自然秘密,发现新世界,创造新东西,去开辟人类浩荡无际、光明灿烂的前景,那么他的生活就会是多么丰满、愉快、生动和活泼。(李四光《信心百倍,勇往直前》》)

我们要善于同一切人合作,要能够"兼容并包",这并不是无原则无目的的同一切人苟合。(张闻天《论待人接物问题》》)

我认为一个人只要真诚,总能打动人的;即使人家一时不了解,日后仍会了解得。……绕圈子,躲躲闪闪,反易教人疑心,你耍手段倒不如光明正大,实话实说,只要态度诚恳,谦卑,恭敬,无论如何人家不会对你怎么的。我的经验,和一个爱耍手段的人打交道,永远以自己的本来面目对付,他也不会用手段对付你,倒反看重你的。(傅雷《傅雷家书》)

最有幸福的,只是勤苦的劳动之后。劳动能给人以完全的幸福,幸福——劳动。救我们的只有劳动!劳动!你是人类的福音。劳动的福音。(瞿秋白《革命先烈名言录》)

快乐是从艰苦中来的。唯有经过劳动、经过奋斗得来的快乐,才是真快乐。不可能有从天上掉下来一个快乐来给你享受。而且快乐常常不是要等到艰苦之后,而是即在艰苦之中。(谢觉哉《谢觉哉杂文选》)

一个人有了远大的理想,就是在最艰苦困难的时候,也会感到幸福。(徐特立《徐特立教育文集》)

我们是国家的主人,应该处处为国家着想。(雷锋《雷锋日记》)

一滴水只有放进大海里才永远不会干涸,一个人只有当他把自己和集体事业融合在一起的时候才能最有力量。(雷锋《雷锋日记》)

我觉得人生在世,只有勤劳、发奋图强,用自己的双手创造财富,为人类的解放事业共产主义贡献自己的一切,这才是最幸福的。(雷锋《雷锋日记》)

世界上最光荣的事——劳动。世界是最体面的人——劳动者。(雷锋《雷锋日记》)

凡是脑子里只有人民、没有自己的人,就一定能得到崇高的荣誉和威信。反之,如果脑子里只有个人、没有人民的人,他们迟早会被人民唾弃。(雷锋《雷锋日记诗文选》)

下篇名言

人的生命是有限的,可是,为人民服务是无限的,我要把有限的生命,投入到无限的为人民服务之中去。(雷锋《雷锋日记》)

自己活着,就是为了使别人过得更美好。(雷锋《雷锋日记》)

出生贫苦,不可骄傲;创业艰难,不可奢华;努力不懈,不可安逸。能以"谦"、"俭"、"劳"三字为立身之本,而补余之不足;以"骄"、"奢"、"逸"三字为终身之戒,而为一个健全之国民,则余愿足矣。(车耀先《自传》)

任何人,不管他的天资如何好,成就多么大,只要停止了努力就不能继续进步;今天不努力,明天就落伍;长期不努力,那就必然完蛋!(钱伟长《天才出于勤奋》)

一个人只要热爱自己的祖国,有一颗爱国之心,就什么事情都能解决。什么苦楚,什么冤屈都受得了。(冰心《冰心文集》)

搬弄是非者是催命鬼,谈空话者非真知已;少说闲话,少生闲气;争地位,患得失,更无道理。学术权威似浮云,百万富翁若敝屣,为人民服务,鞠躬尽瘁而已。(华罗庚《述怀》)

埋头苦干是第一,发白才知智叟呆。勤能补拙是良训,一分辛苦一分才。(华罗庚《给青少年的一封信》)

一心为人民,慷慨掷此身。(华罗庚引自《中国当代科学家锦言》)

科学不是为了个人荣誉,不是为了私利,而是为了人类谋幸福。(钱三强《〈居里夫人传〉序》)

古今中外,凡成就事业,对人类有作为的无一不是脚踏实地、艰苦攀登的结果。(钱三强《和青年朋友谈话》)

攻击个人的私德之人,其心应该是比被攻击的人还要卑劣、污浊的。(叶紫《叶紫论文集(下)》)

每个人在他生活中都经历过不幸和痛苦。有些人在苦难中只想到自己,他就悲观、消极,发出绝望的哀号;有些人在苦难中还想到别人,想到集体,想到祖先和子孙,想到祖国和全人类,他就得到快乐和自信。(冼星海《冼星海传》)

后 记

《中华传统美德丛书》与读者见面了。这套丛书由江苏省炎黄文化研究会与江苏省社会科学院联合编著。

在五千多年的发展中,中华民族形成了优良的道德传统。梳理、弘扬这一份宝贵的精神遗产,对于胡锦涛同志提出的"建设中华民族共有精神家园",无疑将会产生积极的作用。因此,编著这套丛书的倡议,得到了社会各方面的关注和支持。研究会名誉会长向守志、韩培信、许仲林等老领导,省委常委、宣传部部长杨新力,省政协副主席陈宝田均给予了具体指导;省研究会两任会长张耀华、沙人麟等亲自策划,草拟编写体例;宋林飞院长召集丛书作者研究具体的编写方案和要求,并将丛书列入省社科院2007年工作计划,出任主编;南京大学出版社领导重视这套丛书的出版;省财政厅在经费上给予了支持。正是由于各方面的关注和支持,这套丛书的编著出版工作才得以顺利进行。

全书参照"八荣八耻"的叙述,分为"爱国"、"民本"、"勤俭"、"仁爱"、"慈善"、"诚信"、"修身"、"气节"、"忠孝"、"荣辱"共十卷。每卷分"概论"、"故事"、"名言"上、中、下三篇,集理论性、资料性、可读性于一体。概论部分对该卷的内涵、历史演变和当代意义作较为系统的论述;故事部分用语体文译编经典或转引他人著述;名言部分精选历代名言,均注明出处,便于读者备查。考虑到书稿各卷均有联系,并独自成册,允许在译编故事和引用名言方面存有少量重复或叙述方式的差别。

为提高丛书质量,编委会特邀十位知名专家教授,分别审读各卷书稿。他们是:董健审读"爱国卷",蒋广学审读"民本卷",刘钰审读"勤俭卷",阎韬审读"仁爱卷",薛金鳌审读"慈善卷",卞孝萱审读"诚信卷",顾介康审读"修身卷",陈得芝审读"气节卷",黄玉生审读"忠孝卷",吴镕审读"荣辱卷"。最后由主编、副主编及部分编委集中对丛书进行统稿。

特别让我们高兴的是,江苏省委书记梁保华为本丛书撰写序言,这不仅是对丛书编著者的鼓励,更重要的是表明省委对弘扬中华民族传统美德,建设社会主义精神文明的高度重视和积极倡导。我们希望全社会都来重视对中华传统美德的宣传教育工作,这是长期的、细致的、艰巨的、系统的社会工程,必须常抓不懈。从事精神道德的再教育,大力弘扬既具有传统性、民族性又具有时代特征的中华民族美德,为发展经济、改善民生、构建和谐社会、建设中国特色社会主义服务,这是时代赋予我们的历史使命。

希望这套丛书的出版,对弘扬中华民族的优秀传统美德起到积极作用,对读者有所启迪。

编委会
2008 年 8 月 8 日

图书在版编目(CIP)数据

中华传统美德丛书.荣辱卷/宋林飞主编;朱珊编著.
南京:南京大学出版社,2008.10(2013.4 重印)
ISBN 978-7-305-05602-4

Ⅰ.中… Ⅱ.①宋… ②朱… Ⅲ.品德教育-中国 Ⅳ.D648

中国版本图书馆 CIP 数据核字(2008)第 163332 号

出 版 者	南京大学出版社
社　　址	南京市汉口路 22 号　　邮　编　210093
网　　址	http://www.NjupCo.com
出 版 人	左　健
丛 书 名	中华传统美德丛书
书　　名	**荣辱卷**
作　　者	朱　珊
责任编辑	赵　庆　　　　编辑热线　025-83596027
照　　排	南京南琳图文制作有限公司
印　　刷	南京大众新科技印刷有限公司
开　　本	880×1230　1/32　印张 7.125　字数 157 千
版　　次	2008 年 10 月第 1 版　2013 年 4 月第 22 次印刷
ISBN	978-7-305-05602-4
定　　价	14.00 元
发行热线	025-83594756
电子邮箱	Press@NjupCo.com Sales@NjupCo.com(市场部)

* 版权所有,侵权必究
* 凡购买南大版图书,如有印装质量问题,请与所购
　图书销售部门联系调换